Kais Ben Slama

Muhammed Ali Al Hammi und der Panislamismus

BIBLIOTHECA ACADEMICA

Reihe

Orientalistik

Band 29

ERGON VERLAG

Kais Ben Slama

Muhammed Ali Al Hammi und der Panislamismus

Nordafrika, Konstantinopel, Berlin

ERGON VERLAG

Umschlagabbildung:
Gründungsfeier des Orientklubs in der Wohnung von Muhammed Ali al Tunisi, 1920.
Quelle: Archiv der Humboldt-Universität zu Berlin.

Bibliografische Information der Deutschen Nationalbibliothek
Die Deutsche Nationalbibliothek verzeichnet diese Publikation in der Deutschen Nationalbibliografie; detaillierte bibliografische Daten sind im Internet über http://dnb.d-nb.de abrufbar.

Gedruckt auf alterungsbeständigem Papier.
Umschlaggestaltung: Jan von Hugo

www.ergon-verlag.de

ISBN 978-3-95650-598-0 (Print)
ISBN 978-3-95650-599-7 (ePDF)
ISSN 1866-5071

An meine Großmutter…

Danksagung

Zunächst möchte ich mich bei meinen Kollegen Hassouna Najjar und Dr. Chokri Rhibi bedanken, die mich während der Anfertigung dieser Arbeit unterstützt und motiviert haben. Weiterhin möchte ich Prof. Dr. Ulrike Freitag, Direktorin des Zentrums Moderner Orient (ZMO) Berlin, für Ihre Unterstützung danken. Auch all den Kollegen, mit denen ich in verschiedenen Projekten zusammengearbeitet habe, möchte ich meinen Dank für die vielfältigen fachlichen Anregungen und Diskussionen aussprechen. Ganz besonders möchte ich mich aber bei meiner Frau Imen und meinen Töchtern Belkis, Sabaa und Nour bedanken, die viel Rücksicht auf mich genommen haben und des Öfteren geduldig auf mich verzichten mussten.

Vorwort

Im Zuge der politischen Umwälzungen des arabischen Frühlings wurde die offizielle Geschichtsschreibung der tunesischen Nationalbewegung von zahlreichen Intellektuellen und Akademikern hinterfragt. In diesem Zusammenhang wurden die sogenannten Väter der Nation einer heftigen Kritik, die vor der Revolte tabuisiert und kaum möglich war, ausgesetzt. Kais Ben Slama beschäftigt sich nicht mit Habib Bourguiba, Salah Ben Youssef, Farhat Hachad oder Zine Al Abidine Ben Ali, sondern mit der Biographie vom tunesischen Gewerkschaftsvater Muhammed Ali Al Hammi, dessen Leben insbesondere im Exil bisher im Dunkeln blieb.

Dass Muhammed Ali Al Hammi der Gründer der tunesischen Gewerkschaft war, das wissen heute die meisten Tunesier. Was allerdings der tunesischen Öffentlichkeit nicht zugänglich ist, ist die Tatsache, dass er als Offizier in der Osmanischen Armee nach dem Ende des Ersten Weltkrieges in einem deutschen Zerstörer mit Enver Pascha, dem türkischen Kriegsminister und dem Architekten des Genozides an den Armeniern, nach Berlin geflohen war. War dies ein reiner Zufall oder war Al Hammi Mitglied eines deutsch-osmanischen Netzwerkes, das geopolitische Ambitionen erzielt und sich einen „Platz an der Sonne" erkämpft? Prominente Persönlichkeiten der tunesischen Nationalbewegung wie Ali Basch Hamba, Salih al Sharif al Tunisi und Al Hammi waren in die Intrigenspiele bzw. Machenschaften der kolonialen Geopolitik der damaligen Großmächte am Beginn des 20. Jahrhunderts verwickelt. Kais Ben Slama versucht, in der vorliegenden Arbeit die Schattenseite im Leben von Al Hammi ans Licht zu bringen. Ausgehend vom geopolitischen und kolonialen Kontext rückt er die panislamische Dimension, die in den konventionellen und etablierten tunesischen Biographien von Al Hammi nicht genug berücksichtigt wurde, in den Vordergrund.

In dieser Arbeit geht es nicht darum, das Verdienst und die Errungenschaften von Al Hammi bezüglich der tunesischen Arbeiterbewegung in der Kolonialzeit in Frage zu stellen, sondern um die Erforschung der außergewerkschaftlichen Einflüsse geopolitischer Natur, die sein Leben insbesondere im Exil prägten. Al Hammi begleitete den osmanischen Kriegsminister Enver Pascha und die türkische Führungselite, nicht nur in Libyen und Konstantinopel, sondern auch im Balkan und in Berlin. Der Beitrag des Panislamismus zur politischen und gewerkschaftlichen Bildung von Al Hammi ist laut Kais Ben Slama nicht zu unterschätzen. Er greift auf die engen Verbindungen zwischen den Exilanten der Nationalbewegung und den deutsch-osmanischen Netzwerken zurück und verweist auf eine komplexe Geopolitik, die die Laufbahn von Al Hammi und den Jungtunesiern mitbestimmt.

Diese Arbeit wirft einen neugierigen Blick nicht nur auf Al Hammis Leben, sondern auch auf eine hochinteressante Episode der Geschichte der Nationalbewegung, die immer noch im Dunkeln liegt. Darüber hinaus wagt der Autor, den Konsens über den Gründungsvater der tunesischen Gewerkschaft zu hinterfragen. Dass er der heiklen Frage des Genozides an den Armeniern nachgeht und sie mit den deutsch-osmanischen Netzwerken, zu denen Al Hammi gehörte, in Verbindung bringt, ist meines Erachtens ein Zeichen von Mut.

Die fragwürdige Tabuisierung dieser Problematik in der Geschichtsschreibung der islamischen Welt ist bloß ein Akt der Selbstvermeidung, der eine kritische Auseinandersetzung mit der eigenen verschwiegenen Vergangenheit nicht vorantreiben kann. Jenseits von Personenkult und Apologetik trägt diese Lektüre der Biographie von Al Hammi dazu bei, die moderne Geschichtsschreibung Tunesiens zu bereichern.

Hassouna Najjar
Germanist

Inhaltsverzeichnis

1. Einleitung

1.1. Gegenstand der Untersuchung

Geopolitische Studien sind zwar von großer Bedeutung für das Verständnis der modernen Geschichte, aber sie gelten insbesondere in Deutschland immer noch als Tabuthemen. Weil man ihnen oft verschwörungstheoretische Ansätze unterstellt, werden viele Forscher als Verschwörungsesoteriker etikettiert und diffamiert. In der herrschenden Geschichtsschreibung der Nachkriegszeit wird die geo-imperialistische Rolle des britischen Imperiums und der USA während der zwei Weltkriege häufig unterschätzt. Die britische Machtelite hat schon seit dem Ende des 19. Jahrhunderts einen Ersten Weltkrieg gegen Deutschland als neue Weltmacht geplant. Um die britische Vorherrschaft zu sichern, hat Großbritannien im Rahmen seiner Einkreisungsstrategie Deutschland durch Bündnisse mit Frankreich und Russland isoliert. Nach dem Zweiten Weltkrieg wurde die BRD zu einem Viertel Protektorat der Vereinigten Staaten. Nach dem Berliner Mauerfall, der Wiedervereinigung Deutschlands und dem Sturz der Sowjetunion haben die Deutschen, wie viele andere Völker in der Welt, an einen dauerhaften Frieden geglaubt. Das provisorische Grundgesetz sollte normalerweise vom befreiten und vereinten deutschen Volk selbst in eine Verfassung verwandelt werden. Man dürfte nach dreißig Jahren die Frage stellen: Warum hat sich diese deutsche Selbstbestimmung nicht verwirklicht? Im Gegenteil haben die USA, als verbliebene Weltmacht, Deutschland durch die NATO-Osterweiterung in einen neuen komplexen geopolitischen Konflikt verwickelt. Der schweizerische Historiker und Friedensforscher Daniele Ganser ist dieser heiklen geopolitischen Frage in seinen akademischen Forschungen ausführlich nachgegangen.[1] Laut Ganser stehen vor allem die NATO-Länder hinter dem Versagen der Weltfriedensorganisation. Historische Fakten zeigen, dass nach dem Mauerfall 1989 und dem Sturz der Sowjetunion und der totalitären kommunistischen Regime kein Frieden in der Welt etabliert werden konnte. Die North Atlantic Treaty Organisation (NATO) verwandelt sich in eine Kriegsmaschinerie:

> „Die Rüstungsausgaben der NATO-Mitgliedsländer übersteigen jene aller anderen Länder um das Vielfache. Zu Beginn hat die NATO sich auf die Verteidigung ihrer Mitgliedsländer konzentriert und nur selten illegale Angriffskriege geführt. Nach dem Fall der Berliner Mauer haben die illegalen Angriffskriege der NATO dann zugenommen. Zu diesen zählen der Angriff auf Serbien 1999, der Angriff auf Afghanistan 2001,

---

[1] Vgl. Ganser, Daniele, Illegale Kriege. Wie die NATO-Länder die UNO sabotieren. Eine Chronik von Kuba bis Syrien, 10. Auflage, Orell Füssli, Zürich, 2019, S. 25–27.

der Angriff auf Irak 2003, der Sturz von Präsident Gaddafi in Libyen 2011 und die Bombardierung von Syrien."[2]

Die heutige Einkreisung Russlands von der NATO[3] erinnert uns an die damalige Einkreisung Deutschlands vor dem Ersten Weltkrieg. Die Farbrevolutionen in Osteuropa und der arabische Frühling sind in diesem Sinne nur geopolitische Schachzüge in einem großen neoliberalen Schachspiel. Um die amerikanische Hegemonie zu wahren, setzten die Vereinigten Staaten die Instrumentalisierung des Islams, wie das Wilhelminische Reich es in seiner Orientpolitik getan hatte, fort. Die Orientpolitik des Kaiserreichs bildet damit ein Vorbild für die amerikanische Außenpolitik. Die Analyse der Interessenehe der Deutschen mit dem Islam während des Ersten Weltkrieges bietet jedoch auch die Möglichkeit, gegenwärtige geopolitische Verhältnisse aus einer anderen Perspektive zu beleuchten.

Seit Langem ist der nordafrikanische Raum geo-imperialistischen Konflikten ausgeliefert. Der Ausbruch des sogenannten arabischen Frühlings in Tunesien veränderte die ganze politische Situation sowohl in den Staaten Nordafrikas als auch denen des Nahen Ostens. Das Aufbegehren gegen langjährige, autoritäre und repressive Machtstrukturen löste kontroverse Debatten in Tunesien und der ganzen arabisch-islamischen Region aus. Als Tunesier, der die tunesische Revolte vom 14. Januar 2011 erlebt hat und daran beteiligt war, beobachtete ich das Gewicht bzw. die entscheidende Rolle des tunesischen Gewerkschaftsbundes (UGTT: Union Générale Tunisienne du Travail) im Kampf gegen die Diktatur von Ben Ali. Bei den sozialen Protesten vom Dezember 2010 und Januar 2011 und der sogenannten demokratischen Transformation nach der Revolte hat die UGTT eine politisch einflussreiche Rolle gespielt.

In der Folge kam es in Tunesien zu heftigen Diskussionen in verschiedenen Feldern, vor allem hinsichtlich des demokratischen Prozesses, der nationalen Identität und der Demokratieformen. Nach dem Sturz des alten Regimes wurde sogar die moderne Geschichte der Nationalbewegung, aber auch der Unabhängigkeit in Frage gestellt. Sowohl in der Zivilgesellschaft als auch in den politischen und akademischen Kreisen eröffneten die neuen Freiheiten die Möglichkeit, sich kritisch mit bisher tabuisierten Themen der Geschichte Tunesiens zu befassen und eine Vielfalt von Lesarten der eigenen Vergangenheit zu präsentieren. In diesem Zusammenhang erlebten die Tunesier öffentliche Streitgespräche über prominente politische Persönlichkeiten, die im kollektiven Bewusstsein und Gedächtnis als „Väter der Nation" und des modernen Tunesiens wahrgenommen werden. Im Herzen dieser Kontroverse kann der Fall von Salah Ben Youssef als Beispiel angeführt werden.

---

[2] Ebenda, S. 25.
[3] Ebenda, S. 250–273.

Salah Ben Youssef galt in der Ära Bourguiba als Tabuthema. In der offiziellen tunesischen Geschichtsschreibung zwischen 1956 und 1987 war er eine marginalisierte und sogar ausgeschlossene Persönlichkeit. Wenn überhaupt die Rede von ihm war, erschien er als Gesetzloser.[4] Im Schulprogramm wurde nur Bourguiba als „Führer der Nation" ins Zentrum gerückt. Unter dem Regime von Ben Ali (1987–2011) wurde wiederum der ehemalige Staatspräsident Bourguiba diffamiert und der „Mudschahid Al Akbar" geriet allmählich in Vergessenheit. Geschichtsschreibung, als wissenschaftliche und akademische Disziplin, konnte sich den Machtverhältnissen und den politisch-gesellschaftlichen Konventionen auch in Tunesien nicht entziehen. Wissen wird dem Begriff und Bereich der Macht zugeordnet.[5] Geschichte als Text ist daher in einem politisch-sozialen Kontext verankert, der generell vom Sieger bestimmt und beherrscht wird. Viele andere tunesische Persönlichkeiten, die vor allem in der Zeit der Entstehung der Nationalbewegung Bekanntheit erlangten, gelten bis heute in Tunesien als Helden, die nicht zu kritisieren sind. So stellt auch Muhammed Ali Al Hammi, Gründer der ersten tunesischen Gewerkschaft, für die Arbeiter- und Nationalbewegung eine hochinteressante Persönlichkeit in Gewerkschaft und Politik dar, die von einer gewissermaßen sakralen Aura umgeben ist.

Eine Beschäftigung mit der Geschichte der tunesischen Gewerkschaft wäre ohne Muhammed Ali Al Hammi undenkbar. Die Gründung der tunesischen Gewerkschaft ist zum großen Teil diesem Avantgardisten zu verdanken. Seine Laufbahn, sein fünfjähriger Aufenthalt in Berlin (1919–1924) und insbesondere sein Verhältnis zu Enver Pascha zwischen 1912 und 1922 sind allerdings für die tunesischen Gewerkschafter und für die Akademiker im Dunkeln geblieben.

Die Biographie des Gründers der ersten tunesischen Gewerkschaft ist bis heute nicht genug erforscht worden. Dies hat mich dazu motiviert, einige Aspekte dieser geschichtlichen Periode zu untersuchen und herauszuarbeiten.

Die vorliegende Arbeit erhielt außerdem Anregungen durch meine früheren Forschungen über den Wiederaufbau der Gewerkschaftsbewegung in Westdeutschland (1945–1949)[6] und über die deutsche Oktober- und November-Räterevolution (1918–1919)[7]. Diese wichtigen Ereignisse fielen genau in die Zeit, in der Al Hammi mit den Jungtürken nach Deutschland floh.

---

[4] Vgl. Freund, Wolfgang, Die Djerbi in Tunesien. Soziologische Analyse einer nordafrikanischen Minderheit, Kölner Beiträge zur Sozialforschung und angewandten Soziologie, herausgegeben von René König und Erwin K. Scheuch, Band 11, Verlag Anton Hain, Meisenheim am Glan, 1970, S. 13.

[5] Vgl. Müller, Tobias, Michel Foucault Geschichtsbild und seine Konsequenzen, VO „Geschichte der Geschichtsphilosophie", Wien, 2004, S. 7.

[6] Vgl. Ben Slama, Kais, Renaissance du syndicalisme en Allemagne de l'Ouest entre 1945 et 1949, éd. univ Européenne, 2011.

[7] Vgl. Ebenda, Die Rolle der Arbeiterräte bei der Entstehung der Weimarer Republik, Müller Verlag, 2011.

Die obigen Untersuchungen bilden den Ausgangspunkt für das hier vorgestellte Forschungsvorhaben. Eine kritische Auseinandersetzung mit dem Leben von Muhammed Ali Al Hammi wäre ohne den deutschen und geopolitischen Kontext nur unzureichend möglich. Der neue politische Kurs der Wilhelminischen Islampolitik begünstigte das Bündnis mit dem Kalifat der Osmanen, das damals der Repräsentant der islamischen Welt bzw. „Umma" gewesen war. Die Laufbahn von Al Hammi wird daher im Rahmen dieses geopolitischen deutsch-osmanischen Bündnisses untersucht. Der Panislamismus wird demzufolge in den Vordergrund dieser Studie gestellt. Mit anderen Worten werden die politisch-kulturellen Verhältnisse des Wilhelminischen Deutschland und der Weimarer Republik über die Person Al Hammi mit der tunesischen Geschichte und Kultur verknüpft. Geschichte und Politikwissenschaft als universitäre Disziplinen werden hier als Komponenten einer interdisziplinären kulturwissenschaftlichen Perspektive konzipiert.

„Muhammed Ali Al Hammi und der Panislamismus. Nordafrika, Konstantinopel, Berlin" stellt eine Fortsetzung meiner wissenschaftlichen Arbeiten dar. In meiner Dissertation[8] wurden die Arbeitsbeziehungen und die Mitbestimmungsfrage im Saargebiet, das zwischen 1945 und 1955 unter französischer Kontrolle stand, diskutiert. Meine Archivrecherchen wiesen darauf hin, dass die katholische Kirche, vertreten durch Papst Pius XII., eine entscheidende Rolle in dieser Debatte spielte. Die Polemik über die saarländische und deutsche Betriebsverfassung fand auch hinter den Mauern des Vatikans, Symbol des Katholizismus, statt. Die Verwicklung der katholischen Kirche in die öffentliche Debatte über die Mitbestimmungsfrage im Saargebiet, macht deutlich, inwiefern die politischen und gewerkschaftlichen Machtverhältnisse mit dem religiösen Faktor verflochten sind. Obwohl Frankreich das Musterbeispiel der Laizität in der modernen Geschichte darstellt, zeigt die Einmischung der katholischen Kirche in Fragen der Politik und der Gewerkschaft die bedeutende Rolle, die der Religion in diesem Kontext im öffentlichen Raum eingeräumt wurde.

1.2. Zum Forschungsstand

Über das Thema „Muhammed Ali Al Hammi und die tunesische Gewerkschaftsbewegung" wurden zahlreiche Arbeiten bzw. Untersuchungen geschrieben. In der tunesischen Literatur gelten vor allem die Arbeiten von Tahar Al

[8] Vgl. Ebenda, Les relations de travail dans le territoire de la Sarre (1945–1955): Participation des salariés aux décisions dans l'entreprise sarroise, éd. universitaire Européenne, 2012, oder unter dem Link: http://www.theses.fr/2010PA100160/document.

Haddad[9], Mustapha Kraïem[10], Muhammed Ali Belhula[11], Abdelbaki Hermassi[12], Ahmed Ben Miled[13] und Hfaiedh Tabbabi[14] als maßgeblich. Allerdings sind Al Hammis Verhältnis zu Enver Pascha im Kontext des panislamischen Netzwerkbaues sowie sein Aufenthalt in Berlin (1919–1924) aufgrund des Mangels an Quellen im Dunkeln geblieben. Über seine Überlandreisen mit dem türkischen Kriegsminister Enver Pascha von 1912 bis 1918 durch Libyen, Ägypten, den Balkan und seinen Aufenthalt in Berlin (1919–1924) liegen sowohl den tunesischen Gewerkschaftern als auch den Akademikern kaum Informationen vor.

In der Tat ist dies auf die geringe Anzahl an Fachliteratur über die Figur Al Hammi zurückzuführen. Das Fehlen solcher Studien in Tunesien macht sich insbesondere bzgl. Al Hammis Verhältnis zu Enver Pascha als Schlüsselfigur im osmanisch-deutschen Bündnis und seines Aufenthalts in Berlin bemerkbar. In den Gesamtdarstellungen der Geschichte Tunesiens im 20. Jahrhundert wird Al Hammi ausschließlich als Begründer der tunesischen Gewerkschaft und als Nationalheld präsentiert.[15]

Die erste Biographie von Tahar Al Haddad aus dem Jahr 1927 fokussiert vor allem eine überblicksartige Darstellung von Al Hammis Bemühungen zur Gründung der CGTT.[16] Auf Al Hammis Beziehung zu Enver Pascha sowie seinen Aufenthalt in Berlin wurde jedoch nicht eingegangen. Andere Veröffentlichungen wie diejenige von Ahmed Ben Miled haben einen allgemeinen und subjektiven Charakter und gehören nicht in den Bereich wissenschaftlicher Literatur. Diese Feststellung gilt besonders für die Abschnitte über die Beschreibung der Person Al Hammi und sein Temperament.[17]

Die zeitlich breiter angelegten Untersuchengen von Hfaiedh Tabbabi und Mustapha Kraïem bieten eine ebenso umfassende wie seriöse Beschreibung der sozialen und politischen Lage der tunesischen Gesellschaft unter der französi-

---

9 Vgl. Al Haddad, Tahar, al-ᶜumāl al tūnysiyūn wa ẕuhūr al ḫaraka al-nak̦ābiya (al-aᶜmāl al-kāmiatu, al-mʼudjaladu al-thānī), al-dar al-ᶜarabiyatu lilkitāb, tūnis, 1999. Die erste Auflage erschien 1927.

10 Vgl. Kraïem, Mustapha, Nationalisme et syndicalisme en Tunisie 1918–1929, Union Générale Tunisienne du Travail, Tunis, 1976, S. 17.

11 Vgl. Belhula, Muhammed Ali, Muhammed Ali wa ḫawādithu al-ayām, maţbaᶜat al-ittiḫād al-ᶜām al-tūnisi lilshughl, tūnis, 1985.

12 Vgl. Hermassi, Abdelbaki, Mouvement ouvrier en société coloniale: La Tunisie entre les deux guerres, Hachette, Paris, 1973.

13 Vgl. Ben Miled, Ahmed, M'hamed Ali. La naissance du mouvement ouvrier tunisien. Editions Salammbô, Tunis, 1984.

14 Vgl. Tabbabi, Hfaiedh, Muhammed Ali Al-Hammi (1890–1928), manshūrāt al maᶜhad al-aᶜlā litārīkh al-ḫaraka al-wataniya, tūnis, 2005.

15 Vgl. Al Haddad, Tahar, al-ᶜumāl al tūnysiyūn wa ẕuhūr al ḫaraka al-nak̦ābiya (al-aᶜmāl al-kāmiatu, al-mʼudjaladu al-thānī).

16 Confédération Générale des Travailleurs Tunisiens.

17 Vgl. Ben Miled, Ahmed, M'hamed Ali. La naissance du mouvement ouvrier tunisien, S. 1, S. 53 ff.

schen Kolonisation und von Al Hammis Rolle in der tunesischen Nationalbewegung. Dieselbe Feststellung trifft auch für die bis heute unverzichtbaren Arbeiten von Abdelbaki Hermassi und Muhammed Ali Belhula zu. Sowohl Hermassi als auch Belhula interessieren sich vornehmlich für das politische und gewerkschaftliche Engagement Al Hammis und thematisieren seine leitende Rolle bei der Herausbildung einer unabhängigen tunesischen Arbeiterorganisation im Jahr 1924. Im Allgemeinen wird die Biographie von Al Hammi im Rahmen der Geschichte der tunesischen Arbeiterbewegung während der Kolonialperiode untersucht. Es fehlt bislang jedoch an einer kritischen Studie über seine Beziehung zu Enver Pascha sowie seinen Aufenthalt und seine Aktivitäten in Berlin.

In der deutschen Literatur veröffentlichte der Orientalist und Islamwissenschaftler Gerhard Höpp 2001 eine Studie über Al Hammi.[18] Nach seinem Tod 2003 führten Kathrin Wittler und Joshua Rogers, mit denen ich in Kontakt getreten bin, seine Arbeit fort. Höpp bietet auf zwölf Seiten einen Gesamtüberblick über Al Hammis Aufenthalt in Berlin von 1919 bis 1924 und thematisiert zugleich die Gründung der CGTT und die ablehnende Reaktion der französischen Kolonialverwaltung. Er stieß auf weiterführende Forschungen über die Entwicklung der panislamischen Bewegung im Exil für den Zeitraum vor dem Ersten Weltkrieg bis zum Zweiten Weltkrieg. In vielen seiner Werke geht Höpp aus unterschiedlichen Perspektiven dem Leben und den politischen Tätigkeiten der für die nationale Unabhängigkeit kämpfenden Muslime und Araber nach. Besondere Beachtung verdient seine Arbeit über die muslimischen Kriegsgefangenen in deutschen Lagern, die lediglich zu Propagandazwecken mit der Absicht errichtet wurden, die Insassen auf den Djihad[19] vorzubereiten. Sein Ansatz geht vor allem von der Orientpolitik Deutschlands in der Zwischenweltkriegszeit aus.

---

[18] Vgl. Höpp, Gerhard, „Den Fragen der Raiffeisenorganisation zugewandt“. Der tunesische Gewerkschafter Muhammed Ali Al-Hammi und sein Aufenthalt in Berlin, 1919–1924“, S. 89, in: Beiträge zur Geschichte der Arbeiterbewegung, Vol 43 Nr. 3, 2001, S. 87–99.

[19] Im Islam-Lexikon werden Djihad und Heiliger Krieg als Synonyme verwendet. Der Begriff ‚Heiliger Krieg’ wird wie folgt definiert: „Die Bestimmungen des Korans in bezug auf den sogenannten ‚Heiligen Krieg‘ stammen aus der Medina-Periode der Predigt Muhammads, d.h. der Zeit zwischen 622 und 632. Muhammad nimmt gegenüber den Widersachern, die die Muslime mit ihrer Feindseligkeit verfolgen, ihnen den Zugang zu den Heiligen Stätten in Mekka verwehren und sonst keine Abmachungen mit ihnen respektieren, eine härtere Haltung ein. Nach einer Zeit, in der der Koran nur einen bedingten Defensivkrieg gegen die Feinde vorschrieb, erklärte er dann doch den totalen Krieg gegen die Feinde vorschrieb, erklärte er dann doch den totalen Krieg gegen die unerbittlichen Gegner der islamischen Gemeinde. Die Muslime, so der Koran, sollen in den Kampf ziehen und für ihr Leben (vgl. 8, 30), für ihren Glauben (61, 8) und für die Einheit ihrer Gemeinschaft (2, 217)“. Vgl. Khoury, Adel Theodor/Hagemann, Ludwig/Heine, Peter, Islam Lexikon, Geschichte – Ideen – Gestalten, Band 2 G-N, Herder, Band 2, Freiburg, 1991, S. 350.

Auch der Wirtschafts- und Sozialhistoriker Werner Plum[20] befasste sich mit der Geschichte der tunesischen Gewerkschaftsbewegung seit 1924, das heißt seit der Gründung Al Hammis CGTT. Aber Al Hammis Überlandreisen mit Enver Pascha und seinem Leben in Konstantinopel und Berlin schenkt er keine Aufmerksamkeit.

Obwohl der Islamwissenschaftler Herbert Landolin Müller Muhammed Ali Al Hammi nicht direkt erwähnt, stellt sein Werk[21] eine Hauptquelle dieser Arbeit dar. Müller geht in seinem Werk vor allem auf die Wilhelminische Weltpolitik im Maghreb während des Ersten Weltkrieges und auf das Bündnis des Kaiserreiches mit dem Islam und den Muslimen als strategisches Mittel gegen die Entente ein. Von besonderer Bedeutung ist dabei die enge Zusammenarbeit der Jungtürken und Jungtunesier mit dem deutschen Auswärtigen Amt und dem Generalstab. In seinem Werk geht Müller sorgfältig dem Beitrag der Jungtunesier zum deutsch-osmanischen Djihad-Plan nach. Der Islamwissenschaftler Wolfgang G. Schwanitz greift in seinen Schriften[22] die Wilhelminische Orientpolitik im Ersten Weltkrieg auf und legt den Akzent auf die türkische Zusammenarbeit mit den Deutschen und die Instrumentalisierung des Islams.

Die vorliegende Arbeit greift auch französische Quellen und Berichte über Al Hammi auf, die meines Erachtens nicht pauschal zu ignorieren oder auszuschließen sind, da Frankreich die Besatzungsmacht in Tunesien darstelle. Sie werden in der Untersuchung vielmehr kritisch und nicht vorbehaltlos interpretiert.[23]

Sowohl die tunesischen als auch die deutschen und französischen Quellen weisen darauf hin, dass Teile des Lebens von Al Hammi unbekannt sind. Obwohl in den Arbeiten von Gerhard Höpp, Landolin Müller und Wolfgang Schwanitz Al Hammi nicht als zentrale Schlüsselfigur vorkommt, werden andere tunesische Hauptakteure porträtiert. Hier ist vor allem die Rede vom Scheich und Zitouna-Gelehrten Salih al Sharif al Tunisi und von Ali Basch Hamba, denen Al Hammi nicht nur nahestand, sondern mit denen er auch im Exil jahre-

---

20 Vgl. Plum, Werner, Gewerkschaften im Maghreb UGTT-UMT-UGTA, Verlag für Literatur und Zeitgeschehen, Hannover, 1962.

21 Vgl. Müller, Herbert Landolin, Islam, Gihad und Deutsches Reich. Ein Nachspiel zur wilhelminischen Weltpolitik im Maghreb 1914–1918, Frankfurt a. Main, 1991.

22 Vgl. Schwanitz, Wolfgang G., Paschas, Politiker und Paradigmen: Deutsche Politik im Nahen und Mittleren Orient 1871–1945, in: Schwanitz, Wolfgang G. (Hrsg.), Comparativ 1/2004 (Zeitschrift für Globalgeschichte und vergleichende Gesellschaftsforschung), Leipzig. Siehe auch, Max von Oppenheim und der Heilige Krieg. Zwei Denkschriften zur Revolutionierung islamischer Gebiete 1914 und 1940, Sozial-Geschichte Heft 3, Zeitschrift für historische Analyse des 20. und 21. Jahrhunderts, 2004 und Djihad „Made in Germany“: Der Streit um den Heiligen Krieg 1914–1915, Sozial-Geschichte Heft 2, Zeitschrift für historische Analyse des 20. und 21. Jahrhunderts, 2003.

23 Es geht hier um eine Auswahl von Archivakten und Berichten, die vor allem im Werk von Hfaiedh Tabbabi, Muhammed Ali Al-Hammi (1890–1928), man<u>sh</u>ūrāt al ma^{c}had al-a^{c}lā litārī<u>kh</u> al-ḫaraka al-wataniya, zu finden sind.

lang zusammenarbeitete. Trotz der geringen Informationsdichte über Al Hammi, kommt Höpp zum Ergebnis, dass dieser enge Kontakte zum Kreis der Jungtürken und Jungtunesier hatte und in die panislamischen Netzwerke integriert war.[24]

In der tunesischen Literatur wird Al Hammi einzig als Vater der Gewerkschaftsbewegung porträtiert. Tunesische Akademiker und Gewerkschafter präsentieren ihn als Vorbild der Avantgardisten der tunesischen Linken und als Legende der Nationalbewegung.[25] Die biographische Forschung der tunesischen Historiker über Al Hammi blendet somit einen wichtigen Teil seines Lebens aus und der Anspruch auf neue und kritische Lesarten seiner Biographie sollte nicht unberechtigt ausgeschlossen werden. Die Biographien der tunesischen Autoren Hfaiedh Tabbabi und Muhammed Ali Belhula sind eher dem Bereich der Heroisierung zuzuordnen. Diese Legendenbildung bedarf aber im heutigen Tunesien einer differenzierten, kritischen Betrachtung beziehungsweise. einer entsprechenden Korrektur. Deutsche sowie französische Quellen relativieren diese heroisierende Darstellung von Al Hammi in der tunesischen Geschichtsschreibung.

Aufgrund der unterschiedlichen und sogar widersprüchlichen Ergebnisse der historischen Forschungen über die umstrittene beziehungsweise rätselhafte geschichtliche Figur Al Hammi stellt die vorliegende Arbeit eine kritische, intertextuelle Lektüre vor, die tunesische, deutsche und französische Quellen aufeinander bezieht. Ziel der Arbeit ist eine wissenschaftliche Überarbeitung der Perspektive, dass Al Hammi einzig als Heldenfigur in der tunesischen Geschichtswissenschaft angeführt werden darf. Diese Überarbeitung soll einer Entmystifizierung der Biographie von Al Hammi dienen. Sie soll auf keinen Fall eine willkürliche Destruktion des etablierten Bildes über Al Hammi als nationale Persönlichkeit darstellen, sondern eine Rekonstruktion des damaligen geopolitischen Kontextes, in dem sich Al Hammi und die Jungtunesier als Vertreter der Nationalbewegung befanden und bewegten. Die bislang nicht dargestellten Informationen über Al Hammi sowie die tunesischen politischen Verhältnisse bleiben in diesem Zusammenhang erklärungsbedürftig. Die Untersuchung der tunesischen Politik ist wiederum auf die Untersuchung des damaligen geopolitischen Kontextes angewiesen.

Der Ansatz dieser Arbeit liegt somit darin, die deutschen, tunesischen und französischen Quellen über Muhammed Ali Al Hammi miteinander zu vergleichen, zu überprüfen, bisher Unbekanntes aufzudecken und aufgrund dessen Plausibilität Schlüsse zu ziehen.

---

24 Vgl. Höpp, Gerhard, „Den Fragen der Raiffeisenorganisation zugewandt". Der tunesische Gewerkschafter Muhammed Ali Al-Hammi und sein Aufenthalt in Berlin, S. 89–90.

25 Vgl. Tabbabi, Hfaiedh, Muhammed Ali Al-Hammi (1890–1928), S. 14.

1.3. Methodik und Fragestellung

Die generelle Frage der vorliegenden Arbeit leitet sich aus der Grundkontroverse der soziokulturellen und geschichtlichen Forschung über Muhammed Ali Al Hammi ab. Die Mehrzahl der tunesischen Forscher betrachtet Al Hammi nur im Rahmen der Untersuchungen über die Gewerkschaft und stellt ihn als Gewerkschafter vor. Allerdings belegen die Werke, die Archivakten und die in den zwanziger Jahren in Berlin erschienenen Zeitschriften in arabischer Sprache, dass die Person Al Hammi plurale und vielfältige Facetten aufwies. Meines Erachtens war er zugleich Repräsentant des Panislamismus, Gewerkschafter, Nationalist und „Djihadist". Djihadismus als Begrifflichkeit sollte der Leser im Rahmen des historischen Kontextes am Beginn des 20. Jahrhunderts als Religionspatriotismus verstehen. Der damalige Kolonialismus bedingte unmittelbar die identitäre Krise der Muslime und das darauffolgende islamische Erwachen. Die religiöse Identität stellt sich als Motor und bestimmender Faktor der Befreiung der kolonisierten islamischen Welt dar und ist tief mit der Nationalfrage und der Befreiungsbewegung der muslimischen Völker verbunden. Die Parole der Reformbewegung von Muhammed Abduh (1849–1905) und Jamal ad-Din al-Afghani (1838–1897) lautete: Islam ist die Lösung![26]

Der historische Zusammenhang, in dem Al Hammi lebte und agierte, bedarf der Darstellung des tunesischen und des internationalen Kontextes. Al Hammi gehört, wie im Laufe der Arbeit aufgezeigt wird, zum Kreis der nach Konstantinopel geflohenen Jungtunesier. Es ist somit wenig überraschend, dass er den Gründungsvätern der Jungtunesier (Salih al Sharif al Tunisi und Ali Basch Hamba) und den Führern der Jungtürken (Enver, Talat und Nazim Pascha) sowie anderen Panislamisten wie Sakib Arslan und Abdelaziz Schawisch nahestand. Wir gehen davon aus, dass die wenig erforschte Seite im Leben Al Hammis durch eine tiefere und differenzierte Erforschung beziehungsweise Lektüre seiner Lebensphasen in Nordafrika, Konstantinopel und Berlin besser aufgeklärt werden kann.

Diese Lesart des Lebens von Al Hammi gilt vielen Tunesiern, vor allem Historikern und Gewerkschaftern, als Provokation bzw. Diffamierung seiner Person als prominente Figur in der tunesischen Nationalbewegung. Die offiziell etablierten Biographien von Al Hammi sollten sich jedoch meines Erachtens auf neue abweichende Lesarten einlassen. Nur so wird es möglich werden, die Totalisierung geschichtlicher Interpretation zu überwinden. Ein nationaler Konsens bezüglich der modernen tunesischen Geschichtsschreibung wäre in diesem Zusammenhang ohne Dissens belanglos.

[26] Vgl. Amirpur, Katajun, Den Islam neu Denken. Der Dschihad für Demokratie, Freiheit und Frauenrechte, C. H. Beck, München, 2013, S. 18.

Das Wilhelminische Reich schloss mit den Osmanen einen geostrategischen Bund. Beide Mächte hatten den Ersten Weltkrieg gegen die Entente geführt. Eine der katastrophalen Folgen dieses Krieges war der Genozid an den Armeniern. Jenseits jeder islamischen Emotionalität sollte man als Wissenschaftler die Erkenntnisse der deutschen und französischen Historiker anerkennen, die herausstellen, dass der osmanische Kriegsminister Enver Pascha der Architekt des Genozides an den Armeniern gewesen ist. Die Frage danach, welche Rolle die Jungtunesier, unter ihnen Al Hammi, in dieser Epoche spielten, wird von den tunesischen Historikern bewusst oder unbewusst umgangen. In der heutigen Geschichtsforschung wird die Frage nach den Verantwortlichen des ersten Völkermordes im 20. Jahrhundert diskutiert. Deutschland, als Verbündeter des Osmanischen Reiches, erkannte 2015 seine Mitverantwortlichkeit an diesem Genozid an. Die Europäische Union, der die Türkei seit Langem beizutreten versucht, hat die Türkei aufgefordert, den Völkermord an den Armeniern anzuerkennen. Dieses jahrelang tabuisierte Thema ist bis heute ein kontroverser Brennpunkt in den Beziehungen zwischen der Türkei und dem Westen. Der von der türkischen Regierung in Bezug auf die „Armenienfrage" verhinderte Zugang zu den Archiven deutet meines Erachtens darauf hin, dass diese Archivakten entweder bewusst unter Verschluss gehalten werden oder dass sie schon vernichtet worden sind.

Die Arbeit gliedert sich in vier Hauptkapitel. Im ersten Kapitel setzt sie sich mit der Herausbildung der tunesischen Nationalbewegung im Kontext der französischen Kolonisation auseinander. Es geht in diesem Kapitel um eine Gesamtdarstellung der historischen Rahmenbedingungen, in denen die tunesische Nationalbewegung entstand, sowie um eine Vorstellung der Führer der Bewegung. Hinterfragt wird hier vor allem der politische und ideologischer Hintergrund dieser Bewegung, deren Mitglieder vor dem Ersten Weltkrieg meist verbannt wurden. Die Geburt der tunesischen Nationalbewegung, vertreten durch die Jungtunesier, als eine Befreiungsbewegung hat zu einer Konfrontation mit der französischen Kolonialverwaltung geführt. Dies fand seinen Ausdruck vor allem in der Djellaz-Frage, in der erstmalig der Islam als Identitätsfaktor in Erscheinung trat. Daher konzentriere ich mich hier auf die Begriffe des Panislamismus und Patriotismus und zeige auf, inwieweit sie einander durchdringen.

Im zweiten Kapitel werden das Leben von Al Hammi in Nordafrika und in Konstantinopel sowie dessen politische Tätigkeiten als Offizier in der Osmanischen Armee behandelt. Es geht nicht um eine Darstellung der schon bekannten biographischen Daten von Al Hammi, sondern eher um eine Auseinandersetzung mit seinem Leben als Angehöriger des Osmanischen Reiches sowie um sein Verhältnis zu Enver Pascha und generell zu den Jungtürken. Die These lautet dabei, dass die Laufbahn von Al Hammi nur im Rahmen des sich zum Beginn des 20. Jahrhunderts entfaltenden panislamischen Gedankenguts erklärt werden kann.

Das dritte Kapitel beschäftigt sich mit der Wilhelminischen Orientpolitik, die maßgeblich auf der Instrumentalisierung des Panislamismus beruhte. Da sich Deutschland in dieser Zeit international isoliert sah, wurde die Frage der Destabilisierung der Bevölkerung in den islamischen Ländern und deren Positionierung gegen die Kolonialmächte am Beginn des 20. Jahrhunderts in Militärkreisen und unter Orientspezialisten im diplomatischen Dienst diskutiert. Im Mittelpunkt dieser Strategie stand die Instrumentalisierung des religiösen Glaubens als Identitätsfaktor und Motor der islamischen Welt. Als Initiator dieses Unternehmens gilt Max von Oppenheim, der Wilhelm II. einen geopolitischen Plan vorschlug. Es handelt sich um „Die Revolutionierung der islamischen Gebiete unserer Feinde", eine Denkschrift, zu deren Umsetzung tunesische Religionsgelehrte wie Salih al Sharif al Tunisi beigetragen haben. Als Hauptpartner kollaborierten Enver Pascha und viele muslimische Exilanten, unter anderem Muhammed Ali Al Hammi mit der NfO, einem Geheimdienst, in dem die Propaganda für den Heiligen Krieg betrieben wurde.

Im vierten Kapitel wird schließlich auf Al Hammis Aufenthalt in Berlin sowie sein Verhältnis zum Berliner Orientklub und zur Union der islamisch-revolutionären Gesellschaften von Enver Pascha eingegangen. In Berlin kam Al Hammi in Berührung mit berühmten muslimischen Exilanten wie Sakib Arslan, was seine politische und gewerkschaftliche Erfahrung bereicherte. Im Vorstand der Vertretung ausländischer Studenten der Wilhelminischen Universität intensivierte er zudem sein Verständnis bezüglich der Freiheitsprinzipien gegen die Kolonialmächte. Ein zweiter Punkt, auf den in diesem Kapitel eingangen wird, stellt die ideologische Nähe von Enver Pascha und Muhammed Ali Al Hammi dar. Es soll aus dieser Perspektive eine Auseinandersetzung mit den ideologischen Parallelen zwischen Enver Pascha und Al Hammi sowie eine Kritik an den Biographien, die bisher von tunesischen Historikern erstellt wurden, aufgezeigt werden.

2. Die tunesische Nationalbewegung im Kontext des französischen Protektoratsregimes

Die Geburt der tunesischen Nationalbewegung, vertreten von den Jungtunesiern, zu Beginn des 20. Jahrhunderts erfolgte im Rahmen des Kolonialkontextes und der Herausbildung eines tunesischen Bildungsbürgertums. Die Jungtunesier gelten als eine Bewegung tunesischer reformistischer Intellektueller. Für die französische Kolonialverwaltung stellten die Jungtunesier eher eine von der Hohen-Pforte[1] importierte politische Partei dar. Als Träger der National- und Identitätsprinzipien bemühten sich die Jungtunesier in erster Linie darum, durch Publizistik den Widerstand gegen die französische Kolonisation zu führen. Das Gewicht der Jungtunesier zeigte sich vor allem in der Djellaz-Frage 1911 und im Boykott der Straßenbahn von Tunis 1912, in denen der Islam als Identitätsfaktor ins Zentrum gerückt wurde.

2.1. Tunesien als französisches Protektorat 1881

Seit seiner Unterwerfung 1574 gehörte Tunesien als Regentschaft zum Osmanischen Reich. Kennzeichnend für diese Regentschaft war, dass es verglichen mit anderen Gebieten wie Algerien oder Ägypten eine umfassende Unabhängigkeit behielt. Im 19. Jahrhundert wurde Tunesien durch von Außen herein getragene innere Krisen erschüttert, die den Eingriff auswärtiger Mächte nach sich zogen. Das Industriezeitalter und die daraus resultierende imperialistische Konkurrenz der europäischen Mächte über Tunesien und Nordafrika markierten den historischen Kontext, in dem Tunesien ins Blickfeld des französisch-italienischen Antagonismus um die Vorherrschaft im Maghreb-Gebiet geriet. Mit dem Ausbruch der industriellen Revolution und dem gestärkten wirtschaftlichen Potential Europas kam es im Unterschied zum 17. und 18. Jahrhundert zu einer Kolonisierung Nordafrikas. Im 19. Jahrhundert gab es säkularisierte europäische Nationalstaaten, die in gegenseitiger Rivalität standen und die Welt aus ideologischen und wirtschaftlichen Gründen erobern wollten. Frankreich setzte bis ins späte 18. Jahrhundert besonders als Handelsnation seine Stellung als einflussreichste europäische Macht in der arabischen Welt durch. Als erstes Land in Nordafrika eroberte Frankreich 1830 Algerien.[2] Die französische Expansion nach Nordafrika (Algerien 1830, Tunesien 1881 und Marokko 1912) vollzog sich in einer sehr unterschiedlichen innen- wie außenpolitischen Konstellation: Algerien wurde ein französisches Departement, Tunesien und Marokko Protek-

---

1 Sie wird als Synonym für das osmanische Herrschaftszentrum verwendet.

2 Vgl. Von Sivers, Peter, „Nordafrika in der Neuzeit“, in: Haarmann, Ulrich (Hrsg.), Geschichte der arabischen Welt, Beck, München, 1987, S. 532.

torate. Gegenüber dieser militärischen Eroberung und der wirtschaftlichen europäischen Durchdringung war die Reaktion der Nordafrikaner sehr nachgiebig.[3]

Tunesien war formell seit 1574 ein Teil des Osmanischen Reichs, praktisch aber unabhängig. Im Zuge eines zunehmenden Kontakts mit Europa um die Mitte des 19. Jahrhunderts und einer von oben durchgesetzten Modernisierung wie beispielsweise die Armeereform, Verfassung von 1861, Notabelnvertretung, Collège Sadiki 1875 und Eisenbahnnetzerrichtung geriet Tunesien in eine Wirtschaftskrise und vermochte es dennoch, ein umfangreiches Reformwerk umzusetzen, so dass große Warenhäuser und eine Zentralbank mit Niederlassungen in der Provinz, Straßen, Eisenbahnen, Dampfschiffe sowie Telegraphen entstanden. Das Land wurde mit billigen ausländischen Massenprodukten überschwemmt, was die Krise verschärfte. Es verschuldete sich hoch bei französischen und britischen Banken. Als Folge musste es 1869 einer französisch-englischen und italienischen Finanzkommission unterstellt werden, deren Aufgabe es war, die Rückzahlung der 160 Millionen Franken Auslandsschulden zu gewährleisten. Vorsitzender dieser Kommission war General Khayreddin oder Khérédine, als welcher er in der französischen Literatur bekannt ist. Stellvertretender Vorsitzender wurde ein Franzose, der *Inspecteur des Finances* Victor Villet, der den Beinamen „Bey Villet" erhielt. Tunesien war praktisch einem Kolonisierungsstatus ausgesetzt. Eine Rivalität zwischen den europäischen Kreditgebern Frankreich, England und Italien um die Annexion des unterentwickelten Tunesien setzte ein.[4]

Die Einführung eines kapitalistischen Wirtschaftssystems durch eine Kolonialmacht in Tunesien, dessen Wirtschaft damals noch auf der Handelsproduktion beruhte, hatte im Sinne von Carmel Sammut einen Umstrukturierungsprozess herbeigeführt.[5] Die kapitalistische Industriewirtschaftsform verursachte die Entstehung einer neuen Wirtschafts- und Sozialstruktur in Tunesien. Diese große Abweichung stellte die tunesische Wirtschaftsstruktur vor den Zwang der Anpassung an das Wirtschaftsmodell der besetzenden Macht, was auch die lokale Sozialstruktur tief beeinflusste. Mit anderen Worten war die tunesische Wirtschaft der französischen untergeordnet, soweit sie nicht über fundamentale Grundlagen einer modernen Wirtschaft verfügte. G. Gurvitch sagt dazu:

> „Man betrachtete die kolonisierten Völker als völlig unterentwickelte Menschen oder sehr verschieden von uns, denen die Wohltaten der kapitalistischen Zivilisation das Glück bringen sollten. Es musste jedoch anerkannt werden, dass man sie nicht nur

---

[3] Ebenda. Zur Geschichte des Maghreb-Gebietes siehe auch: Von Albertini, Rudolf/Gollwitzer, Heinz (Hrsg.), Europäische Kolonialherrschaft 1880–1940, Beiträge zur Kolonial- und Überseegeschichte, Band 14, 1994, S. 207–212.

[4] Vgl. Kraïem, Mustapha, Nationalisme et syndicalisme en Tunisie 1918–1929, S. 17.

[5] Vgl. Sammut, Carmel, L'impérialisme capitaliste français et le nationalisme tunisien (1881–1914), Publisud, Paris, 1983, S. 212.

nicht glücklich gemacht, sondern auch dass man eine bestimmte Sozialstruktur zerstört hat. Der kapitalistischen Sozialstruktur zufolge war die neu gebildete Struktur außergewöhnlich, wobei die meisten Verhältnisse in gewissem Maße ins Gegenteil verkehrt waren und letztenendes kein Problem gelöst wurde. Anders ausgedrückt, die Kolonisation baute ab: Man sah die kolonisierten Gesellschaften ausschließlich als Märkte an. Man zerstört ihnen das eigene Leben, ohne dass ein neues Leben in Erscheinung tritt."[6]

Der These Gurvitch folgend geht es nicht nur um eine wirtschaftliche und soziale Umstrukturierung, sondern auch um eine strukturierte Enteignung zu Gunsten der besetzenden Kolonialmacht.

Zweifellos führte die Dependenz des unterentwickelten Tunesiens zu Kolonisationsambitionen der Großmächte. Diese Ambitionen wurden lauter auf dem Berliner Kongress vom 13. Juni bis zum 13. Juli 1878, an dem Otto von Bismarck sprach und auf dem auch das als Vasall des Osmanischen Reiches geltende Tunesien Thema der Verhandlungen war. England war durch Benjamin Disraeli und Lord Salisbury vertreten, Russland durch Alexander Michailowitsch Gortschakow und Frankreich durch seinen Außenminister William Henry Waddington. Auf diesem großen Diplomatentreffen des 19. Jahrhunderts war die Hohe-Pforte durch den von Türken erzogenen und Mohammedaner gewordenen Delegierten Muhammed Ali Pascha repräsentiert.[7] Hauptthema des Kongresses war die Orientfrage. Es handelte sich dabei grundsätzlich um die Auflösung des Osmanischen Reiches, das über wichtige Gebiete verfügte: Den Nahen Osten und Ägypten bis nach Marokko, und im Norden bis nach Bosnien-Herzegowina auf dem Balkan. Hendrik L. Wesseling sagt dazu:

„Die orientalische Frage verband die Teilung Afrikas mit der großen Politik. Die strategischen Interessen Englands und Russlands an Meerengen, die russisch österreichische Rivalität auf dem Balkan, die französisch-englische Rivalität in Ägypten, die französisch-italienischen Spannungen in Tunesien, sie alle bezogen sich auf Gebiete des Osmanischen Reiches."[8]

---

[6] Vgl. Gurvitch, Georges, Intervention du VIème Colloque de l'Association Internationale des Sociologues de langue française, Royaumont: Sociologie de la «construction nationale» dans les Nouveaux Etats, Editions de l'Institut de Sociologie, Université Libre de Bruxelles, 1967, S. 91.
Der Originaltext lautet: „On considérait les peuples colonisés comme des gens totalement sous-développés ou très différents de nous, à qui les bienfaits de la civilisation capitaliste devaient apporter le bonheur. Or il a bien fallu reconnaître que non seulement on ne les rendait pas heureux, mais qu'on décomposait une certaine structure sociale, et que la structure qui se constituait était, si l'on se place au point de vue de la structure capitaliste, une structure anormale où la plupart des rapports se trouvaient, dans une certaine mesure, inversés, et où, finalement aucun problème n'était résolu. Autrement dit, la colonisation déstructurait: on se servait de sociétés colonisées exclusivement en tant que marchés, en détruisant leur vie propre, sans qu'une nouvelle vie n'apparaisse".

[7] Vgl. Wesseling, Hendrik L., Teile und herrsche. Die Aufteilung Afrikas 1880–1914, übersetzt aus dem Niederländischen von Rudolf Albertini und Eberhard Schmitt, Franz Steiner Verlag, Stuttgart, 1999, S. 23.

[8] Ebenda.

Hendrik L. Wesseling zufolge war es die Aufgabe der Diplomatie, die Spannung unter Vermeidung von direkten Konflikten zwischen den europäischen Großmächten zu überwinden. Der Kongress sollte Ordnung auf dem Balkan schaffen und eine Lösung bringen. Italien, welches auch Interesse an Tunesien hatte, wurde zum Berliner Kongress nicht eingeladen. Die meisten Politiker hatten für Italien nur Verachtung übrig: „Wozu soll Italien Gebietszuwachs erhalten? fragte ein russischer Diplomat. Hat es etwa wieder eine Schlacht verloren?[9] Der deutsche Reichskanzler dachte genauso: „Diese Italiener", so sagte er zum französischen Botschafter, „sie haben zwar großen Appetit, aber schlechte Zähne".[10] Nach dem Berliner Kongress blieb Italien isoliert. Frankreich bekam vorübergehend die Unterstützung Deutschlands. Die Hohe-Pforte sah sich gezwungen, die neue Situation zu akzeptieren. Die bestehenden Konflikte zwischen Frankreich und England wurden beigelegt. Als Gegenleistung bekam England Zypern und andere Weltteile. 1882 besetzte es Ägypten. Frankreich erhielt freie Hand im östlichen Nordafrika. Deutschland sprach sich dafür aus, Tunesien an Frankreich zu geben. Hintergrund dafür ist zweifelsohne die Ablenkung des schwelenden deutsch-französischen Konflikts nach dem Krieg von 1870 bis 1871 und die sich daraus ergebende Folge der Abtretung von Elsass-Lothringen an Deutschland.[11]

Der Berliner Kongress räumte den Franzosen die Gelegenheit und das politische Recht ein, in Tunesien ein Protektorat zu errichten. Damit waren die politischen und diplomatischen Hindernisse weggeräumt. Der Bey (osmanischer Herrschaftstitel) hatte keinen Einfluss auf diese internationalen Entscheidungen. Am 12.4.1881 marschierten französische Soldaten aus Algerien in Tunesien ein. Einen Monat später sah sich der Bey Muhammed III. gezwungen den *Protektoratsvertrag von Bardo* zu unterzeichnen. Mit dem *Bardo-Vertrag* verlor die Dynastie der Husainiden die Vertretung Tunesiens nach außen. Frankreich übernahm auch die Verantwortung für die innere Ordnung und Ruhe. Als die Stämme im Süden des Landes gegen die Präsenz der französischen Truppen revoltierten, sandten die Franzosen ein weiteres Truppenkontingent nach Tunesien. Dieser Entscheidung folgte der *Vertrag von La Marsa* vom 8. Juni 1883, in welchem die Unterstellung Tunesiens unter französische Oberhoheit festgelegt wurde. Der neue Vertrag, der den Begriff Protektorat beinhaltet, sollte dazu dienen, den tunesischen Status offiziell als Protektorat zu erklären statt einer vorübergehenden militärischen Okkupation.[12]

---

9 Zitiert nach Wesseling, Hendrik L., S. 25.

10 Ebenda.

11 Vgl. Raupach, Florian, Zur These der „strategischen Clique" und der französischen Okkupation am Beispiel des Vertrages von Bardo, Grin Verlag, München, 2012, S. 13.

12 Vgl. Kraïem, Mustapha, Nationalisme et syndicalisme en Tunisie 1918–1929, S. 15–16.

2.2. *Die Entstehung der tunesischen Nationalbewegung*

Die Geburt der Befreiungsbewegungen in Nordafrika war eine Folge des kolonialen Kontextes. Trotz der unterschiedlichen Rechtsstatus infolge der Kolonialisierung in Tunesien, Marokko und Algerien seit 1912 kam es zu überregionalen Beziehungen und Interaktionen der Länder untereinander. Dieser neue *Status quo* stellte den Beginn eines in die Emanzipierung führenden Weges gegenüber den Nationalmächten dar. Für Tunesien kann festgehalten werden, dass das Entstehen des Nationalbewusstseins und die Gründung der Bewegung *Jeunes Tunisiens* (Jungtunesier) auf die Reformerbschaft des tunesischen Reformers Khayreddin Pascha[13] zurückgingen. 1875 gelang es Khayreddin, den Bildungsbereich zu erneuern. Die erste moderne Lehreinrichtung in Tunesien, die als erster zeitgemäßer Bildungsort einer neuen, nach westlichem Vorbild geschulten Elite betrachtet wird, das *Collège Sadiki*[14], ist ihm zu verdanken, weshalb er als Begründer des modernen Tunesiens und *Vater der tunesischen Renaissance* gilt. Diese moderne Einrichtung, aus der ein bedeutender Teil des tunesischen *Bildungsbürgertums* und der politischen Führung hervorging, stand seit ihrer Gründung in Konkurrenz zur traditionellen Lehranstalt der *Grande Mosquée* (*Zitouna-Universität*).

Diese Einrichtung verband die Ausbildung in den arabisch-islamischen Disziplinen – das Studium des Korans, der arabischen Sprache und des islamischen Rechts – mit derjenigen in den modernen Naturwissenschaften. Khayreddins Europa-Aufenthalt Mitte des 19. Jahrhunderts beeinflusste sein Reformwerk. Als er nach Tunesien zurückkam, strebte er die Errichtung eines modernen Staates nach Beispiel der europäischen Länder an. Das Misstrauen des tunesischen Bey-Hauses zwang ihn jedoch dazu, sein Vorhaben aufzugeben. Letztendes musste er in die Pforte zurückkehren. In seinem Buch „*Der sicherste Weg, den Zustand der Völker zu erfassen*“[15] aus dem Jahre 1868 gab er eine schlechte Regierungsführung als Ursache für den Verfall der islamischen Welt

---

[13] Khayreddin Pascha (1822–1890) gilt als der Vater der tunesischen Renaissance. Er fing sein politisches Leben als Offizier an und beendete es als Ministerpräsident. 1873 begann er mit energischem Eifer das Werk seines Lebens – seine Reformtätigkeit im Verwaltungs-, Finanz- und Wirtschaftsbereich. Er konnte dies jedoch nicht zu Ende führen. Auf ihn geht die erste moderne Lehreinrichtung in Tunesien zurück, das *Collège Sadiki*, in dem ein wichtiger Teil der derzeitigen tunesischen Elite ausgebildet wurde. Vgl. Moncef Chenoufi, Avant-propos (auf Französisch), in: Al-tunisi, Kheredine (1991): aḳwam al-masālik fī maᶜrifat aḫwāl al-mamālik, rezipiert und dargestellt von Moncef Chenoufi, al-markaz al-watanī liltarḏjamah, bayt al-ḫikma, tūnis.
Al-tunisi, Kheredine, aḳwam al-masālik fī maᶜrifat aḫwāl al-mamālik, rezipiert und dargestellt von Moncef Chenoufi, al-markaz al-watanī liltarḏjamah, bayt al-ḫikma, tūnis, 1991.

[14] Vgl. Abdelsalem, Ahmed, al-madrasa al ṣādiḳiya wa al-ṣādiḳiyūn, bayt al-ḫikma, ḳarṭāḏj, 1994, S. 9–14.

[15] aḳwam al-masālik fī maᶜrifat aḫwāl al-mamālik, (La plus sûre direction pour connaître l’état des nations).

an und zeigte sich damit als Verfechter der tunesischen Renaissance. 1896 entstand die *Khaldounia*, eine kulturelle Vereinigung, die Kurse in Geschichte und in anderen Disziplinen organisierte, um eine moderne Elite zu bilden. Dieser Zielsetzung diente auch die Assoziation ehemaliger Schüler des *Collège Sadiki*, der 1905 gegründeten *Sadikia*. 1907 erschien *Le Tunisien*, eine Zeitung in französischer Sprache[16], deren Direktor der junge Rechtsanwalt Ali Basch Hamba war. Die Zeitung galt als Sprachohr der *Jeunes Tunisiens*. Mit Eifer bildeten diese[17] einige Monate später ihre erste politische Bewegung – es war eher ein Klub als eine politische Partei – unter Einfluss von Ali Basch Hamba.[18] Erwähnenswert ist an dieser Stelle, dass in dieser Zeitspanne zahlreiche Zeitungen erschienen, die auf identitäre und sozio-politische Probleme der Einheimischen und deren Forderungen Gewicht legten. Folgende Tabelle stellt die wichtigsten vor:

Hauptzeitungen in arabischer Sprache zwischen 1904 und 1911[19]

Titel	Untertitel	Erscheinungsweise	Anmerkungen	Vorsteher-Herausgeber
al-'Adliyya	Die Justiz	wöchentl. 5.3.1907–April 1907	Lit. handelsmäßig, kommerziell/ patriotisch	al-Hâdi b.Ahmad Abbas al Hargli
Abû-Ghachcha	Derjenige, der den Affen macht	wöchentl. humoristisch, 1908 verboten	patriotisch, panislamisch	Scheich Muh. Al-Hâchimi al-Makki
Habib al'Umma	Geliebter der Nation	wöchentl. 15.5.1906–31.8. April 1906	pol., wirt.,wissensch., patriotisch, panislamisch, antifranzösisch	Uthmân b. Umâr, Red. Muh. Tal'at
al- Haqiga	Die Wahrheit	tägl. 21.12.1906–unregelmäßig 1907 verboten.	pol., panislamisch, turcophile, lit. und juristisch	Uthmân b. Umâr, Red. Muh. Tal'at
al-Islâm	Der Islam	Num. 1 bis 10 im Juni 1908. Verboten am 24.6.1908	sozial, islamisch	M. b. Cheikh Utmân al-Mâlqi
al-ittihâd al-islâmi	Die islamische Einheit	18.10.1911	Panislamisch	Ali Basch Hamba
al-Jâmi' al-A' zam	Die Große Moschee	1910	Islamisch	Slimân al-Djadwi

16 Die Zeitung erschien für einige Zeit in französischer Sprache und wurde ins Arabische durch Abdelaziz Taalbi übersetzt.

17 Die Bewegung Jungtunesier wurde 1907 von Bechir Sfar, Abdeljelil Zaouche und Ali Basch Hamba gegründet.

18 Vgl. Kraïem, Mustapha, Nationalisme et syndicalisme en Tunisie 1918–1929, S. 122.

Titel	Untertitel	Erscheinungsweise	Anmerkungen	Vorsteher-Herausgeber
Khayr ad-Din	Khayreddine	monatlich, illegal., März 1906	Islamisch	M'hemad al-Ja'aïbi
al-liwa	Die Reiterfahne	wöchentl. 1910–1911	pol. patriotisch, unterstützt von den Jungtunesiern	Muh. B. Jaballah
al- Ma'ârif	Die Erkenntnisse	wöchentl. 1907	Panislamisch	As-Sâdiq al-Mahmûdi
al-Muchir	Der Wegweiser	wöchentl. Januar 1910	reformistisch, panislamisch	Tayyib b. 'Isâ
al-Munir	Der Aufklärer	wöchentl. 1907/1934	panislamisch, patriotisch	ach-Chadly Murâli
al-Munsif	Der Unparteiliche	1907/1908	islamisch, pol. und lit.	chérif al-Tijâni
al-Murchid	Der Berater	wöchentl. 1906 verboten 1907	Patriotisch	Salimân al-Djadwi
Murchid al' Umma	Wegweiser der Nation	tägl. 1910/1950	pol., patriotisch, Sprachohr der konstitutionellen Partei seit 1920	Slimân al-Djadwi
al-Muz'ij	Der Entsetzliche	tägl. 1.8.1906–1907	patriotisch, gewaltig	Md'Umrân
al-Qalam	Die Feder	tägl . 1904–1905	patriotisch, gemäßigt	M. al-Bahri
Ar-Ruchdiyya	Die Reife	tägl. 1904–1910	panislamisch, gemäßigt dann kritisch	Husayn b.' Uthmân
as-Sawab	Die Richtigkeit	wöchentl. 1904–1938	pol. Panislamisch	Moh. al-Ja'aïbi
ath-Thurayya	Die Plejaden	wöchentl. 1909–1910	Wissensch. pol. lit. und geschicht.	Tayyib b. Isâ
at-tûnisi	Der Tunesier	1909–1911, genehmigt am 17.2.1912 und verboten am 13.3.1912	arabische Version des Organs der Jungtunesier	Ali Basch Hamba
az-Zuhra	Planet Venus	tägl. 1890–1897. Wiedererscheinung 1904, verboten 1910		

Anhand der obigen Angaben zu den in der Vorkriegszeit erschienenen Zeitungen ist festzustellen, dass zum ersten Mal seit der Errichtung des französischen Protektorats in Tunesien ein religiöses und patriotisches Bewusstsein bei den Einheimischen sichtbar wurde.

[19] Vgl. Abdelmoula, Mahmoud, Le mouvement patriotique de libération en Tunisie et le panislamisme (1906–1920), Editions MTM, Tunis, 1999, S. 86–87.

Der Jungtunesier Salih al Sharif al Tunisis schrieb einen Brief an seine Freunde, den er vor seiner Reise im November 1906 zu der Hohen Pforte in Umlauf bringen ließ:

> „Folgen Sie den Spuren Ihrer heldenhaften Vorfahren, die der Nation und der Religion mit Mut, Entschlossenheit, Ehrenhaftigkeit und Geduld gedient haben, damit Sie Schritt für Schritt mit Klugheit all das erhalten, was für Sie vorteilhaft ist. Zögern Sie nicht, zu Ihrer Oberhoheit und Ihrer Unabhängigkeit zurückzukehren."[20]

Diese Worte stießen bei den Jungtunesiern auf ein großes Echo. Am 31. Dezember 1908, das heißt zwei Jahre nach der von Salih al Sharif al Tunisi annoncierten Unabhängigkeitsforderung, ließen die Jungtunesier einen namenlosen Artikel mit der Unterschrift *„Zituni"*[21] in ihrer Zeitung *Le Tunisien* veröffentlichen. In Wirklichkeit aber handelte es sich um den Brief des tunesischen Scheichs Salih al Sharif al Tunisi.

Bemerkenswert ist, dass die in der Tabelle angegebenen Zeitungen mehrheitlich panislamisch orientiert waren. Von insgesamt 23 Zeitungen hatten 18 eine panislamische Ausrichtung. Die Jungtunesier stützten sich auf den religiösen Faktor, um das Volk gegen die Franzosen zu mobilisieren. Dass die Mehrheit der tunesischen Zeitungen einen panislamischen Trend hatte, ist ein Zeichen für die Verbindung der tunesischen Nationalbewegung zum Nahen Osten, zur Hohen-Pforte und zu den dortigen ideologischen und politischen Entwicklungen. Vor allem gelten Jamal ad-Din al-Afghani (1838–1897) und Muhammed Abduh (1849–1905) als Gründer des modernen Panislamismus. Der Panislamismus versteht sich als eine politische Ideologie und ist eng mit dem Vordringen des europäischen Imperialismus am Ende des 19. und Anfang des 20. Jahrhunderts in die arabische und islamische Welt verbunden. Zielsetzung des Panislamismus war die Vereinigung aller islamischen Völker unter der Fahne des Osmanischen Kalifen als weltliches und spirituelles Oberhaupt aller Muslime[22] und die Rückkehr zu den angenommenen ursprünglichen Prinzipien des wahren und reinen Islams.

Durch die Analyse der Tabelle wird offensichtlich, wie tief Panislamismus und Patriotismus einander durchdringen. Die in der Tabelle angegebenen Titel und Herausgeber weisen darauf hin, dass die panislamische Gesinnung als Leitlinie bzw. Vektor der Nationalbewegung und dem patriotischen Willen zur Befreiung diente. Die damalige tunesische Presse stellt ein Zeuge des vorherr-

---

[20] Vgl. Abdelmoula, Mahmoud, Le mouvement patriotique de libération en Tunisie et le panislamisme, S. 95.
Der Originaltext lautet: „Suivez les traces de vos héroïques ancêtres qui ont servi la nation et la religion avec courage, fermeté et loyauté et aussi avec patience de façon à obtenir tout ce qui vous sera avantageux par degrés successifs et avec intelligence. Ne déserterez pas de revenir à votre suprématie et à votre indépendance".

[21] *Zitouni* ist eine Bezeichnung für denjenigen, der an der Zitouna-Universität studiert hat.

[22] Vgl. Bundeszentrale für politische Bildung: http://www.bpb.de/nachschlagen/lexika/islam-lexikon/21614/panislamismus.

schenden Zeitgeistes dar. Demnach zeigt die obige Tabelle, dass das historische Bewusstsein der Tunesier stark von Geist des Panislamismus geprägt war. Dieser bestimmte unmittelbar das Wesen der Debatten im öffentlichen tunesischen Raum.

In der französischen Literatur wird die Bewegung Jungtunesier, deren Hauptmitglieder türkischer Abstammung waren, als eine Partei und nicht als ein Klub definiert.[23] Die Hauptmitglieder der Jungtunesier waren Rechtsanwälte wie Ali Basch Hamba und Hassen Guellaty, Beamte wie Muhammed Lasram und Intellektuelle wie Bechir Sfar, Abdeljelil Zaouche, Khairallah ben Mustapha und Abdelaziz Taalbi.[24] Die meisten von ihnen hatten ihr Hochschulstudium in Frankreich absolviert und gehörten zur tunesischen Bourgeoisie. Kurz nach Entstehung ihrer Bewegung formulierten sie ihre Forderungen bezüglich Schulreformen, Steuerreformen, bürgerlicher Freiheit, Machtteilung und Verfassung. Damit hofften sie, die absolute Herrschaft der französischen Protektoratsverwaltung zu verringern.

Das patriotische Engagement der Jungtunesier intensivierte sich nach der türkischen Revolution vom 24. Juli 1908, deren Ergebnis eine nach europäischem Vorbild verabschiedete Verfassung gewesen war. Es sei an dieser Stelle daran erinnert, dass die Verabschiedung der türkischen Verfassung unter der Herrschaft von Abdulhamid II. das Werk der Jungtürken war, die im Komitee für Einheit und Fortschritt und in der Liberalen Einheit zusammengeschlossen waren. In Anlehnung an die Jungtürken strebten die Jungtunesier eine solche Verfassung für Tunesien an.[25] Da die französische Protektoratsverwaltung der Verabschiedung einer tunesischen Verfassung, die die Vorrechte der Colons einschränkte, im Wege stand, revidierten die Jungtunesier ihre Forderungen wie folgt:

> „Ausdehnung unserer Vertretungsrechte in der Beratungskonferenz; Gründung einer ausreichenden Zahl von Grundschulen zur Belehrung und Aufklärung unserer Kinder; Sendung einer bestimmen Zahl von Jugendlichen an Hochschulen in Frankreich auf Kosten der Regierung; Gleichstellung der Einheimischen und der Franzosen bei der

---

23 Vgl. Sammut, Carmel, S. 237.

24 Abdelaziz Taalbi (1876–1944): ist von algerischem Ursprung. Sein Studium an der Zitouna-Universität hat er nicht abgeschlossen. Er gilt als die wichtigste politische Persönlichkeit in der von den tunesischen Historikern betrachtenden Zeitspanne der „dreißiger Jahre“, in denen die tunesische Nationalbewegung entstand. Ihm ist 1920 die Gründung der ersten tunesischen politischen Partei unter französischem Kolonialismus, nämlich der „Freien Tunesischen Konstitutionellen Partei“ zu verdanken. Vgl. Al Sahli, Hamadi, al-shykh ᶜabdalᶜazīz al-thᶜālbī (1876–1944), dāirat almᶜārif al- tūnisiy, ṭabᶜa 1, al-kurās 1/1990, bayt al-ḥikma, ḳarṭādj, 1990, S. 21–29. Dazu siehe auch: Idris, Muhammed Masaoud/Ben Miled, Ahmed, al-shykh ᶜabdalᶜazīz al-thᶜālbī wa al-ḥaraka al-wataniya (1876-1940), al-djuzu al-awal, muḳadimat al-nashāt al-fikrī wa al- siyāsī lilshykh ᶜabdalᶜazīz al-thᶜālbī fī tūnis min khilāli wathāiḳihi, ṭabᶜa 1, bayt al-ḥikma, ḳarṭādj, 1991, S. 11–12.

25 Vgl. Sammut, Carmel, S. 257–262.

Zulassung zu hohen Amtsgeschäften; Zugang der Einheimischen zu allen Stellen der stellvertretenden Direktoren der großen öffentlichen Dienstleistungen."[26]

Durch die Besetzung von Tripolis durch die Italiener, die *Djellaz-Frage* 1911 und die Annexion von Marokko durch die Franzosen 1912 verschärfte sich der Tonfall innerhalb der Bewegung gegenüber den Kolonialmächten nochmal. Gerade bei der italienischen Eroberung Libyens zeigte sich von Anfang an die oppositionelle Stellung der Jungtunesier gegen den europäischen Imperialismus. Der Vorsitzende der Jungtunesier Ali Basch Hamba schrieb dazu:

„Die Europäer sollten sich nicht wundern, wenn sie merken, dass allen Muslimen das Herz schwer war wegen des Schlages gegen die Türkei durch die kriminelle und unverzeihliche Aggression Italiens gegen Tripolitanien, und dass die Muslime diese Aggression als grobe Beleidigung für die ganze islamische Welt betrachten. Ist es nicht offensichtlich, dass die Europäer durch den Anschlag auf ihren Kalifen, welcher der Bewacher und Verteidiger ihrer heiligen Stätten ist, den Islam selbst und die ganze islamische Welt angegriffen haben? Wir als Tunesier und Muslime erklären unsere tiefe Empörung über Italien und betrachten seinen Angriff auf Tripolitanien als die ungeheuerlichste Missetat des zwanzigsten Jahrhunderts. Wir befürchten nicht, zu sagen, dass diese Aggression ein Akt des Gangstertums und des Verrates, eine Schande für die Menschheit ist."[27]

Zur Unterstützung der Libyer gründete Scheich Abdelaziz Taalbi, Mitbegründer der Jungtunesier, die arabischsprachige Zeitung *Le monde Musulman* und gestaltete eine Wohltätigkeitssammlung für Tripolitanien. Ali Basch Hamba gründete seinerseits am 17. Oktober 1911 *l'Union islamique*, eine Zeitung, in der er an die Muslime zur Einheit gegen den europäischen Imperialismus appellierte:

„Was früher die Stärke des Islams darstellte, das war seine Einheit. Was seit vielen Jahrhunderten seine Schwäche ausmacht, ist die Uneinigkeit, die in ihm entstand (...). Nur durch die Wiederherstellung der Einheit kann der Islam seine verlorene Macht

[26] Zitiert nach Sammut, Carmel, S. 262.
Der Originaltext lautet: „Extension de nos droits de représentation à la Conférence Consultative; création d'un nombre suffisant d'écoles primaires pour instruire et éclairer nos enfants; envoi au frais du Gouvernement d'un certain nombre de jeunes aux établissements d'enseignement supérieur de France; admission des indigènes, à égalité avec les Français, aux hautes fonctions administratives; attributions aux indigènes de tous les postes de sous-directeurs des grands services publics".

[27] Ittihad el Islam vom 1. Oktober 1911, in: Sammut, Carmel, S. 294–295. Der Originaltext lautet: „(...) Que les Européens ne s'étonnent donc pas de voir les cœurs de tous les musulmans palpiter d'émotion en présence du coup porté à la Turquie par la criminelle et impardonnable agression de l'Italie contre la Tripolitaine et considèrent cette agression comme un ignominieux affront infligé à tout le monde musulman. Ne saute-t-il pas aux yeux, en effet, qu'en s'attaquant à leur calife, au gardien et au défenseur de leurs lieux saints, on s'attaque à l'Islam même et au monde musulman tout entier? Et nous aussi, Tunisiens en notre qualité de Musulmans, nous proclamons hautement notre indignation contre l'Italie et nous considérons son agression contre la Tripolitaine comme le forfait le plus monstrueux du vingtième siècle, et nous ne craignons pas de dire que cette agression est un acte de banditisme et de traîtrise, une honte pour l'humanité (...)".

wiederfinden. In der Tat erkennen nun die Muslime der ganzen Welt die unumgängliche Notwendigkeit der Einheit (wenn sie nicht zugrunde gehen wollen): Sie sollen 1. ihre Rechte, Interessen und Bemühungen solidarisieren; 2. den Sultan Kalifen von Konstantinopel als Vertreter ihrer Einheit erkennen und 3. schließlich das Kalifathaus (die Dynastie der Osmanen) als Zentrum des Islams mit all ihren Kräften und all ihren Mitteln verteidigen."[28]

Ein allgemeines Unbehagen in der tunesischen Öffentlichkeit führte bald zu scharfen Konfrontationen mit der französischen Kolonialmacht. Ein Monat nach der italienischen Besetzung Libyens brach am 7. November 1911 mit der *Djellaz-Frage*[29] der erste Volksaufstand, aus. Anlass für diese Volkserhebung, die von der Bewegung der Jungtunesier angeführt wurde, war der Okkupationsversuch des *Djellazes.* Zum ersten Mal wurde hiermit die religiöse Komponente in den Konflikt einbezogen. Der Okkupationsversuch des *Djellazes* bedeutete für die Einheimischen nicht nur eine „Art Christianisierung" eines islamischen Friedhofs, sondern auch eine Schändung und ein Angriff gegen einen heiligen Ort.[30] Darauf wies auch die Zeitung *Le Temps* hin, als sie schrieb:

> „Seit einiger Zeit berichtete die Presse über eine Verärgerung in den unteren Klassen der Bevölkerung, die einerseits durch die arrogante Haltung der Italiener bei der Übernahme von Tripolitanien und andererseits durch das Enttäuschungsgefühl der einheimischen Bevölkerung verursacht wurde. Der unglückliche Umstand, dass der Versuch einen muslimischen Friedhof zu besetzen zu spät aufgehoben wurde, führte zur Massendemonstration. Die ungefähr 3 000 versammelten Einheimischen gingen auf die Straße und fingen an, die Polizei anzugreifen. Dann wurde ein muslimisches Kind angeblich von einem Italiener erschossen. Die Protestbewegung entwickelte sich unter der seit einigen Wochen bestehenden leidenschaftlichen Beeinflussung zu einem Massakerversuch gegen die Italiener, welchen unsere Truppen mühsam niederschlugen."[31]

---

28 Vgl. den Artikel von Ali Basch Hamba, in: „L'Union islamique" vom 2. Oktober 1911. Der Originaltext lautet: „Ce qui fit autrefois la force de l'Islam, ce fut son unité. Ce qui, depuis plusieurs siècles, fait sa faiblesse, c'est la désunion qui s'est mise dans son sein (...). L'Islam ne peut retrouver sa puissance perdue que par son retour à l'unité (...). Les musulmans du monde entier, en effet, se rendent compte maintenant de la nécessité qui s'impose à eux, s'ils ne veulent pas périr : 1) de solidariser leurs droits, leurs intérêts et leurs efforts ; 2) de reconnaître et prendre pour chef de leur unité ainsi réformée le Sultan Calife de Constantinople, et 3) enfin, de défendre de toutes leurs forces et de tous leurs moyens le califat redevenu le centre de l'Islam".

29 Die Djellaz-Frage: Djellaz ist ein Friedhof für Muslime. Friedhöfe in Tunesien sind Privateigentum der tunesischen Bevölkerung. Sie gehören nicht den Gemeinden an. 1911 versuchte die Gemeinde von Tunis, also der offizielle Vertreter des französischen Protektorats, den Djellaz zu okkupieren. Für die Einheimischen war dieser Akt ein Christianisierungsversuch des Friedhofs. Als Folge fand ein völkischer Aufstand gegen die französische Kolonialadministration statt. Vgl. Sammut, Carmel, S. 319 ff.

30 Vgl. den Artikel von Ali Basch Hamba in der Zeitung „Le temps" vom 16. November 1911 unter dem Titel: „Pouvait-on croire en outre que les membres de la grande confrérie des Chadlia, à laquelle sont affilés près des trois quarts de la population tunisoise, assisteraient impassibles à l'immatriculation, au nom de la ville de Tunis, de leur zaouia mère, où repose le Scheich Sidi Bel Hassen, leur maître vénéré?".

31 Vgl. Le temps vom 20. November 1911.

Die Erhebung der Bevölkerung wirft die Frage auf, ob die Tunesier mittels der *Djellaz-Frage* nun gegen die Entscheidung der französischen Protektoratsverwaltung protestiert haben oder gegen die Italiener. Insgesamt betrachtet, zeigte der blutig niedergeschlagene Massenprotest, dass die Einheimischen die Präsenz aller Europäer in Tunesien nicht mehr hinnehmen wollten. Charles André Julien schrieb dazu:

> „Die wichtigste Folge der Djellaz-Frage entging auch den scharfsinnigsten Beobachtungen. In diesem Aufruhr ging es nicht nur um den Aufruhr einer von dem Zwischenfall fanatisierten Unterschicht. Es war in Wirklichkeit eine Bewusstseinsnahme von einer Oppositionsmasse, die bis dahin lediglich durch die intellektuelle Elite empfunden war.“[32]

Das politische Nationalengagement der Jungtunesier wurde von der französischen Kolonialverwaltung als Gefahr für die allgemeine Ruhe und Sicherheit des Protektorats angesehen. Aus diesem Grund wurden die Zeitungen der Jungtunesier: *L'Union islamique* und *Le Tunisien* verboten. Die französische Repression konnte aber die Aktivitäten der Jungtunesier bzw. deren Einfluss auf die Volksmassen nicht verhindern. Beispielhaft hierfür werden die Straßenbahnereignisse angeführt: Am 6. Februar 1912 wurde ein tunesisches Kind von einer Straßenbahn, deren Maschinist Italiener war, umgefahren. Die Affäre wurde politisiert. Die reformistische Intellektuellenbewegung Jungtunesier erklärte ihre Unterstützung der Straßenbahnarbeiter, boykottierte die Straßenbahn und nahm am Generalstreik teil, dem sich die tunesische Bevölkerung anschloss. Über die Zuspitzung der Krise schrieb *Le Temps*:

> „Die Einstimmigkeit der Bewegung und die Strenge, mit der sie ihren Fortgang nahm, haben die Europäer ziemlich beeindruckt. Vor allem die alten Franzosen von Tunesien, die daran gewöhnt sind, die Einheimischen als eine Art Hintergrund eines tunesischen Dekors, etwas wie Kamele und Palmen, zu betrachten, können sich nicht an den Gedanken gewöhnen, dass dieses bildhafte Volk in Bernus, das seit dreißig Jahren im Kontakt mit unserer Zivilisation steht, nun anstrebt, eine Rolle zu spielen. Wir hatten

---

Der Originaltext lautet: „Depuis quelques temps, la presse signalait dans les basses classes de la population une irritation provoquée d'un côté par l'attitude arrogante que la prise de tripoli avait déterminée chez les Italiens, et de l'autre par le sentiment de dépit éprouvé par les indigènes. La circonstance malheureuse d'un essai d'immatriculation d'un cimetière musulman trop tard décommandé, ayant réuni sur un même point une populace d'environ 3 000 indigènes qui venaient protester, cette foule commença par basculer la police. Puis un enfant musulman ayant été tué par un coup de feu attribué à un italien, le mouvement dégénéra, sous l'emprise des passions surexcitées depuis quelques semaines, en une tentative de massacre de la population italienne que nos troupes ont réprimée avec peine (…)“.

[32] Vgl. Julien, Charles-André, l'Afrique du Nord en marche, Julliard, Paris, 1953, S. 69. Der Originaltext lautet: „La principale conséquence de l'affaire du Djellaz n'apparut pas alors aux observations, même les plus perspicaces. On ne vit pas dans l'émeute que le déchainement d'une populace fanatisée par l'évènement fortuit. Ce fut, en réalité la prise de conscience par la masse d'une opposition qui n'avait été jusque-là sentie que par l'élite intellectuelle“.

> es bisher in Tunesien mit einem in einer säkularen Trägheit eingeschlafenen Volk zu tun. Dann plötzlich, als wären sie vom Strom getroffen, begannen diese bewegungslosen Volksmassen zu schaudern. Nur diejenigen, die nicht in Beziehung zu den einheimischen Milieus standen, verkennen die Bedeutung dieser Erschütterung."[33]

Anhand dieser Ereignisse lässt sich feststellen, dass sich auch bei den Volksmassen ein tunesisches Nationalbewusstsein, das bisher nur in der intellektuellen Sphäre vorhanden gewesen war, herauszubilden begann. Die Volkserhebung zeigt auch, inwiefern die Jungtunesier die Volksmassen anzogen. Die neugebildete öffentliche Meinung wandte sich offen gegen das französische Kolonialsystem mit den von dem Vorsitzenden der Bewegung Jungtunesier Ali Basch Hamba bekannt gewordenen Schlagworten: „Gleiche Behandlung und gleiche Löhne wie die Europäer".[34] Als die *Jungtunesier-Bewegung* eine nicht zu verachtende politische Macht geworden war, wurden ihre einflussreichsten Propagandisten am 13. März 1912 von der Protektoratsverwaltung verhaftet: Ali Basch Hamba, Abdelaziz Taalbi, Hassen Guellaty und Muhammed Nohmen wurden in die Verbannung geschickt[35], Sadok Zmerli und Manoubi Dargouth wurden im Süden Tunesiens interniert. Wie in der obigen Darstellung erläutert wurde, verstärkte der italienisch-libysche Krieg das Nationalgefühl bei den tunesischen Volksmassen. Die Rolle der panislamischen und jungtunesischen Presse war dabei entscheidend.

---

33 Vgl. Le Temps vom 12. März 1912.
Der Originaltext lautet: „L'unanimité du mouvement et la rigueur avec laquelle il se poursuit ont impressionné assez fortement la population européenne. Les vieux Français de Tunisie surtout, habitués à considérer les indigènes comme une sorte de toile de fond dans le décor tunisien, quelque chose comme les chameaux et les palmiers, ne peuvent s'accoutumer à l'idée qu'au contact de notre civilisation, ce peuple de figurants en bernous ont marché depuis trente ans, et qu'il aspire maintenant à jouer un rôle. Nous avons eu jusqu'ici affaire en Tunisie à un peuple endormi dans une indolence séculaire. Voici que tout d'un coup, comme si elles avaient été parcourues par un courant électrique, ces masses inertes ont frémi. Seuls, ceux qui ne sont pas en rapport avec les milieux indigènes peuvent méconnaître la force de cet ébranlement".

34 Die Italiener stellten 80% des Personals der Straßenbahn-Gesellschaft dar.

35 Vgl. Al Sahli, Hamadi, al-shykh ᶜabdalᶜazīz al-thᶜālbī (1876–1944), S. 24.

3. Al Hammi zwischen Nordafrika und Konstantinopel

Kurz vor dem Verbot der Bewegung der Jungtunesier durch die französische Kolonialverwaltung reiste Muhammed Ali Al Hammi und viele andere Nordafrikaner nach Konstantinopel. In die Hohe-Pforte strömten muslimische Exilanten, weil sie eine Art Plattform der panislamischen Bewegung und des Kampfes gegen die Kolonialmächte darstellte. Mit dem Ausbruch des italienisch-libyschen Krieges 1911 entsandte die Regierung der Jungtürken zwei Bataillone nach Libyen. Berühmte osmanische Hochoffiziere und Propagandisten landeten in Alexandrien. Enver Pascha, Gründer der türkischen Geheimorganisation TM (Teskilat-i Mahsusa), war Leiter dieser militärischen Mission. Zu dieser Gruppe gehörten Mustafa Kamel, Scheich Salih al Sharif al Tunisi und Emir Ali Pascha. Auch Al Hammi könnte dieser Gruppe angehört haben.

3.1. Al Hammi und die italienische Besetzung Libyens

Der türkisch-italienische Kriegsbeginn fiel genau in die Zeit, als sich in Tunesien zum ersten Mal ein Volksaufstand entwickelte, nämlich die oben bereits angesprochene *Djellaz-Frage*. Gleichzeitig kam es in der Türkei zur *jungtürkischen Revolution*. Als Fortsetzung des Erbes der *Jungosmanen* – eine Intellektuelle Gruppe, die die autoritäre Herrschaft des Sultans in Frage stellte – bildete sich 1889 gegen Abdülhamid II. zunächst in Offizierskreisen eine starke Opposition, die sich zum *Komitee für Einheit und Fortschritt* entwickelte. Die Wiedereinsetzung der Verfassung war seine Hauptforderung, welche im Juli 1909 vom Sultan Abdülhamid II. akzeptiert wurde. Nach dem Versuch einer Gegenrevolution wurde der Sultan ins Exil geschickt und durch den Sultan Muhammed V. Reschad ersetzt.[1]

Während die Hohe-Pforte unter einer innenpolitischen Krise litt, erklärte Italien 1911, die osmanische Regentschaft Libyen besetzen zu wollen. Der Kriegserklärung folgte vier Tage später das Ultimatum Italiens an das Osmanische Reich vom 26. September 1911. Kaum ausgebildet, sah sich die jungtürkische Regierung einer schwierigen Situation ausgesetzt. Die Auswirkungen des Krieges auf dem Balkan und in den arabischen Provinzen belasteten das Reich. Österreich hatte bereits 1908 Bosnien und die Herzegowina besetzt, Bulgarien

---

1 Vgl. Adatepe, Sabine, Die deutsch-osmanischen Beziehungen, in: Türken in Berlin 1871–1945: eine Metropole in den Erinnerungen osmanischer und türkischer Zeitzeugen, hrsg., von Ingeborg Böer, Berlin, New York, de Gruyter, 2002, S. 10–11. Dazu siehe auch Wochnik, Benjamin, Atatürks islamische Erben. Wer regiert die Türkei. Tectum Verlag, Marburg, 2010, S. 17–18.

erklärte sich unabhängig und Kreta wurde Griechenland angegliedert. Sollte die Pforte ihre arabischen Provinzen den europäischen Großmächten opfern oder auf ihre Vorherrschaft auf dem Balken verzichten? Es wurde befürchtet, dass sich die Pforte auf einen kleinen Staat reduzierte.

Italien, das auf der vierten Küsten-Theorie beharrte, erklärte der Pforte im Jahre 1912 auch den Krieg im Balkan. Ende Mai besetzte es die Insel des Dodekanes. Mit den Kriegsvorbereitungen Montenegros und der darauffolgenden Kriegserklärung am 8. Oktober 1912 musste die unter Druck gesetzte neue türkische Regierung die Friedensbedingungen Italiens akzeptieren:

> „Die am 15. und 18. Oktober unterzeichneten Verträge von Lausanne“, schrieb Reinhard Schultze, „können auch als Indiz dafür gewertet werden, dass Italien zugunsten seiner imperialen Politik in Afrika auf seine Intervention im Balkan-Konflikt verzichtete, der am 18. Oktober mit der Kriegserklärung Bulgariens, Griechenlands und Serbiens an das Osmanische Reich einen Höhepunkt erreichte.“[2]

Es ist verständlich, warum die Hohe-Pforte nicht von Anfang an gegen Italien in den Krieg ziehen wollte. Sie schickte stattdessen Enver Pascha diskret nach Libyen, um die arabischen Stämme für den Krieg gegen Italien zu mobilisieren.

Die Reise Enver Paschas nach Tripolis im Oktober 1911 bildet für Al Hammi eine ganz neue Situation. Dort nahmen er, aber auch andere engagierte Nordafrikaner als Freiwillige am libysch-italienischen Krieg teil.[3]

3.2. Al Hammi in Tripolis 1911-1912

Der Begründer der CGTT, der noch heute von der tunesischen Gewerkschaftsunion (UGTT) als Gewerkschaftsvater angesehene Al Hammi (1890–1928), wurde im Süden des Landes in Al Hamma, einem Dorf bei Gabès, geboren. Nach dem Tod seiner Mutter im Jahre 1900 wurde er zu einer seiner Schwestern nach Tunis gegeben, wo er die Koranschule besuchte. Er arbeitete gleichzeitig als Verkäufer auf dem Zentralmarkt. 1908 begann er seine berufliche Tätigkeit als Chauffeur des österreichisch-ungarischen Botschafters. Wie er selbst in einem 1977 aufgefundenen und veröffentlichen Brief aus dem Jahre 1922 an seinen Cousin Belgacem Chafhi, der damals in Paris lebte, schrieb, soll er Tunesien 1911 auf direktem Wege nach Istanbul verlassen haben.[4] Von dort aus begleitete er den türkischen Kriegsminister Enver Pascha nach Tripolitanien[5]:

---

[2] Vgl. Schultze, Reinhard, Geschichte der islamischen Welt im 20. Jahrhundert, Verlag C.H. Beck oHG, München, 1994, S. 57–58.

[3] Diese Version wurde durch Al Hammi selbst in einem Brief an seinen Cousin Belgacem Chafhi bestätigt. Siehe Al Hammi in Tripolis 1911–1912.

[4] Nach Muhammed Ali Belhula sollte Al Hammi durch das Meer nach Konstantinopel reisen. Vgl. Belhula, Muhammed Ali, Muhammed Ali wa ḫawāḏi<u>th</u>u al-ayām, 29.

[5] Ebenda.

„Nachdem ich Tunis nach Istanbul verließ, bin ich nach Tripolis als Gesandter der Osmanischen Regierung gereist. Dann ging ich wieder nach Istanbul und nahm als Offizier unter Befehl von Enver Pascha am Krieg teil.“[6]

Im Osmanischen Reich wurde Al Hammi für die türkischen Armee rekrutiert. Er war, wie er im oben erwähnten Brief aussagte, vom türkischen Kriegsminister Enver Pascha zum Offizier ernannt worden. Laut Hfaiedh Tabbabi könnte Al Hammi Enver Pascha während des Ersten Weltkrieges durch den Balkan chauffiert haben.[7] Belhula zufolge könnte Al Hammi ein Gesandter der Jungtunesier in der Hohen-Pforte gewesen sein, ähnlich wie Bechir El Furti in Libyen.[8] Wie bereits angesprochen, war die innertunesische Situation in den Jahren 1911 und 1912 geprägt von der *Djellaz-Frage* und dem Straßenbahnboykott. Infolge der Auseinandersetzungen zwischen den Jungtunesiern und der französischen Kolonialverwaltung mussten viele gebildete Tunesier die Regentschaft ab 1912 verlassen. Die meisten gingen in die Metropole des Osmanischen Reiches. Al Hammi schloss sich seinen Landsleuten an.[9]

Eher unwahrscheinlich ist, dass Al Hammi, wie von manchen Biographen aufgeführt wird, 1911 einen Lastwagen mit tunesischen Hilfsgütern nach Tripolis gefahren hat[10], da die Tunesier 1911 über keine Lastwagen verfügten. Selbst während des Ersten Weltkrieges transportierte die französische Armee ihre Munition und Versorgung auf Pferden und Kamelen.[11] Der tunesische Historiker Mustapha Kraïem konnte nur Vermutungen über Muhammed Ali Al Hammi anstellen. Dass Enver Pascha nach der italienischen Kriegserklärung an Tripolis in Tunis angekommen ist und sich Al Hammi als Chauffeur nahm, wie Mustapha Kraïem[12] betont, ist ebenfalls nicht belegt.

In tunesischen Quellen finden sich keine genaueren Angaben über die Reise Al Hammis nach Tripolis. Tunesische Forscher wie Hfaiedh Tabbabi und Ah-

---

6 Auszug aus dem Brief vom 22. November 1922.
Der Originaltext lautet: „(...) Après mon départ de Tunis, je suis allé à Constantinople; et de là j'ai été envoyé par le Gouvernement Ottoman en Tripoli. Là, je suis resté jusqu'à la fin de la guerre, puis je suis retourné à Constantinople où j'ai pris part à cette guerre comme officier auprès de son Excellence Enwer Pascha jusqu'à la fin des opérations (...)“. Vgl. Tlili, Bechir, Aux Origines du Syndicalisme Tunisien, deux documents relatifs au séjour et aux activités de Muhammed Ali à la veille et au lendemain de la grande guerre, in: Cahiers de Tunisie, Tome XXV, n 97–98 (1er et 2ème trimestre 1977). Siehe auch Tabbabi, Hfaiedh, Muhammed Ali al-Hammi (1890–1928), S. 73–74.

7 Vgl. Tabbabi, Hfaiedh, Muhammed Ali al-Hammi (1890–1928), S. 19.

8 Vgl. Belhula, Muhammed Ali, Muhammed Ali wa ḫawādi<u>th</u>u al-ayām, S. 29.

9 Vgl. Ebenda.

10 Insbesondere tut das Ahmed Ben Miled, M'hamed Ali. La naissance du mouvement ouvrier tunisien. Tunis, 1984, S. 57.

11 Vgl. Ahmed Ben Miled, S. 59.

12 Vgl. Kraïem, Mustapha, Nationalisme et syndicalisme en Tunisie 1918-1929, S. 534.

med Khaled[13] stützen sich meist auf die Arbeiten von Muhammed Ali Belhula[14] und Muhammed Ben Miled[15]. Als wichtigste Referenz gilt Tahar Al Haddad[16], der mit Al Hammi befreundet war und mit ihm korrespondierte. Sein Buch *Les ouvriers tunisiens et la naissance du mouvement syndical* (*Die tunesischen Arbeiter und die Geburt der Gewerkschaftsbewegung*), zum ersten Mal im Jahre 1927 erschienen, stellt die Hautquelle für die Untersuchung der ersten tunesischen Gewerkschaftsbewegung und deren Ideologie dar. Nach den Berichten des französischen Generalresidenten in Tunesien Saint Lucien vom 4. Januar 1925 ist Al Hammi mit dem türkischen Offizier Mahmud Bek, der für die Rekrutierung der Nordafrikaner und deren Revolutionierung gegen die Franzosen zuständig war, nach Istanbul gereist.[17]

Die für die vorliegende Arbeit konsultierten bibliographischen Quellen über Muhammed Ali Al Hammi bleiben ebenfalls. Es wird daher anhand von Al Hammis Briefen an seinen Neffen aus dem Jahr 1922 versucht, die Ereignisse während des italienisch-türkischen Krieges in Tripolis zu rekonstruieren und die Begegnung zwischen Al Hammi und Enver Pascha näher zu beleuchten. Eine weitere wichtige Quelle ist das Tagebuch von Enver Pascha *Enver Pascha um Tripolis*[18], in dem steht, dass er mit jungtürkischen Offizieren am 10. Oktober 1911 von Konstantinopel verdeckt auf einem Schiff nach Alexandrien abgereist sei:

> „Auf dem Schiff ist alles ruhig. Das Leben geht scheinbar wie im Frieden seinen Gang. Traurigkeit und Müdigkeit drohen mich fast zu überwältigen, und ich fühle nichts mehr von der Kraft, die ich für die mir bevorstehenden Aufgaben nötig habe. Ich glaube gut verkleidet zu sein – schwarze Augengläser, den Schnurrbart abrasiert, einen schwarzen Fez bis auf die Augenbrauen; trotzdem fürchte ich, die Aufmerksamkeit auf mich zu lenken.“[19]

Die Aufgabe Enver Paschas war es, den Widerstand in Tripolitanien gegen Italien mit der Hilfe der Einheimischen zu führen. Bereits am 4. September 1911, als er noch in Saloniki war, machte er sich Gedanken über seine Geheimmission in Tripolitanien und über deren Zweck. Er schrieb hierzu:

> „Wir haben also der Regierung geraten, einen kleinen Krieg im Inneren von Tripolitanien zu führen. Die Italiener mögen sich immerhin der Küste bemächtigen, was ihnen

[13] Vgl. Khaled, Ahmed, Muhammed Ali al-Hammi, rāidu al-ḫaraka al-naḳābiya al wataniya bitūnis, 2006, tūnis.

[14] Vgl. Belhula, Muhammed Ali, Muhammed Ali wa ḫawādi<u>th</u>u al-ayām, ebd.

[15] Vgl. M'hamed Ali. La naissance du mouvement ouvrier tunisien. Tunis, 1984.

[16] Erschienen zum ersten Mal als Gesamtband, das Kulturministerium, Tunis, 1999.

[17] Vgl. Q. O., série 1 (Tunisie 1917–1940): Carton 68, Folios 88-91, in: Tabbabi, Hfaiedh, Muhammed Ali al-Hammi (1890–1928), S. 18.

[18] Vgl. Enver Pascha um Tripolis, Hugo Brockmann Verlag, München, 1918. Dem Herausgeber zufolge sind zurzeit nur 30 Exemplare auf Büttenpapier abgezogen und handschriftlich nummeriert.

[19] Ebenda, S. 11.

mit Hilfe der schweren Artillerie ihrer Kriegsschiffe nicht schwer fallen dürfte. Wir werden im Inneren des Landes unsere Kräfte sammeln. Berittene arabische Truppen, befehligt von jungen türkischen Offizieren, bleiben in dauernder Fühlung mit den Italienern und beunruhigen sie Tag und Nacht. (...) Es soll versucht werden, den Feind von seinen Küstenstützpunkten wegzulocken und vordrängende Truppen im Innern durch Nachtangriffe zu vernichten. Wir werden dem zivilisierten Europa beweisen, dass wir keine restlosen Barbaren sind und dass wir siegen oder sterben auf dem Felde der Ehre."[20]

Enver Pascha ankerte in der Nacht vom 14. Oktober mit seiner kleinen Gruppe an Begleitern im Hafen von Alexandrien in Quarantäne und wartete, während die italienischen Truppen gleichzeitig in Tripolis einliefen. Zwei osmanische Bataillone, die sich in der Nähe von Benghasi befanden, erwarteten ihn bereits; der auf dem Kai wartende Arif Pascha sollte sich um seine Abreise nach Benghasi kümmern. Einem Eintrag in seinem Tagebuch ist zu entnehmen, dass die Engländer von seiner Ankunft in Alexandrien wussten, was Enver Pascha nicht zu stören schien: „Die Engländer wissen aus der augenblicklichen Sachlage Nutzen zu ziehen. Sie lassen durch, was wir wollen, Gewehre und Material – wohlverstanden inoffiziell, um unsere Sympathie zu gewinnen", so Enver Pascha.[21] Am 24. Oktober 1911 reiste er schließlich nach Benghasi und von dort in das 1.000 Kilometer entfernte Tripolis. Enver Paschas erster Auftrag war es, wie er selbst sagte[22], die im Laufe des Krieges als Freiwillige neu ankommende Araber in Truppen einzuteilen und sie für die Front bereitzustellen. Zu dieser Gruppe der „Neuankömmlinge" gehörten Mustafa Kamel, Scheich Salih al Sharif al Tunisi und Emir Ali Pascha. Al Hammi könnte ebenfalls dieser Gruppe angehört haben. Was diese Version bekräftigt, ist das Zeugnis des Volksdichters Abdelrahman El Kefi, der aussagte, dass er mit Al Hammi in Libyen zusammengetroffen und mit ihm nach Konstantinopel gefahren ist. Muhammed Nohmen gibt seinerseits an, dass er Al Hammi 1912 in Konstantinopel begegnet ist.[23] Al Hammi, wie er selbst in einer von ihm anlässlich der Gründung der wirtschaftlichen Kooperative im Jahr 1924 gehaltenen Rede erklärt, weist darauf hin, dass er Enver Pascha während seiner gesamten Reise begleitete:

„Bevor ich schon vor 15 Jahren meine Heimat verlassen hatte, arbeitete ich als Fahrer der Automobile. Ich bin durch die Türkei, den Orient, Ägypten und Westtripolitanien gereist. Meine islamischen Gefühle stellen den Grund für meine Abreise dar."[24]

---

[20] Ebenda, S. 9–10.

[21] Ebenda, den 15. Oktober 1911, S. 13.

[22] „Gestern Abend Besichtigung einer Abteilung von 120 Soldaten und ebenso vielen arabischen Freiwilligen. Ich bin dabei, eine Truppe auszubilden, ohne eigentlich über die arabischen Fonds verfügen zu können". Enver Pascha um Tripolis, den 23. November 1911, S. 24.

[23] Vgl. Belhula, Muhammed Ali, Muhammed Ali wa ḫawādithu al-ayām, S. 32.

[24] Vgl. Al Haddad, Tahar, al-^{c}umāl al tūnysiyūn wa ẓuhūr al ḫaraka al-naḳābiya, S. 51. Der Originaltext lautet: „'idh kuntu mundhu khamsa ^{c}ashrata sanatin ḳabla mubāraḫati watanī al-^{c}azīz ashtaghilu fī al- utubīlāt. Wa kāna sababu khurūdjī ^{c}an bilādī 'indifā^{c}an

In einem Brief vom 30. November 1922 an seinen Neffen Belkacem Chafhi schrieb Al Hammi, er habe, nachdem die Alliierten in Istanbul einmarschiert waren, eine hochrangige Regierungsdelegation mit mehreren Ministern, darunter Kriegsminister Enver Pascha, Innenminister Talat (1874–1921) und Bildungsminister Nazim (1870–1926) sowie hohe Funktionäre nach Berlin begleitet, wo er sich selbst abschießend zu Studienzwecken niederließ:

„Zwei Tage vor der Okkupation von Konstantinopel durch die Alliierten sind wir, d.h. Enver Pascha, einige Minister und ich nach Deutschland gefahren mit der Absicht, dort einige Monate zu verbringen. Da unser Aufenthalt in Deutschland andauerte, gingen Enver Pascha und seine Fluchtgenossen nach Turkestan. Ich bat Enver Pascha darum, mein Studium in Deutschland fortsetzen zu dürfen. Seit drei Jahren studierte ich hier und verfügte noch über die nötigen Geldmittel, die in der Bank abgelegt ist."[25]

In Berlin war Al Hammi zunächst als Gasthörer für vier Semester in der Friedrich-Wilhelms-Universität gewesen und ab 1921 als ordentlicher Student der Nationalökonomie (Immatrikulation vom 7. November 1921) geführt. Der Leiter des Humboldt-Universitätsarchivs beantwortete meine Anfrage bzgl. des Studiums von Muhammed Ali Al Hammi mit folgendem Brief:

„Sehr geehrter Herr Kais Ben Slama,
die Recherche in den Unterlagen unseres Universitätsarchivs ergab, dass sich ein Mohamed Ali am 07. November 1921 unter der Nummer 2577 des 112. Rektorats (die Rektorate zählen seit der Universitätsgründung 1810 -W.Sch.) in die Matrikel der Friedrich-Wilhelms-Universität zu Berlin (der heutigen Humboldt-Universität) zum Studium der Nationalökonomie an der Philosophischen Fakultät eingetragen hat. In der Spalte: Geburtsort und vaterländische Provinz gab er mit eigener Handschrift an: Tunis, Türkei. Als Stand des Vaters: Landwirt. Die Hochschulreife erlangte er in Konstantinopel. Da er am 24. Januar 1924 wegen ‚Unfleiss' aus der Matrikel gelöscht wurde, liegt hier auch kein Abgangszeugnis vor, auf welchem die besuchten Lehrveranstaltungen aufgelistet worden wären. Ich kann also leider keine Aussage dazu machen, bei welchen Professoren oder Dozenten er Lehrveranstaltungen besucht hat.
Mit freundlichen Grüßen
Dr. W. Schultze"

Es lässt sich die Schlussfolgerung ziehen, dass sich der „Osmane" Al Hammi von Anfang an als Kämpfer im Rahmen des Panislamismus engagiert. Er nahm sowohl am italienisch-türkischen Krieg als auch am Balkankrieg teil. Es liegt au-

liiḫsāsātī al-islamiya, fasāfartu 'ilā bilādi al-sharḳi min turkiya 'ilā miṣr thum-ma ṭarābuls al-gharb (…)".

25 Der Originaltext lautet: „(…) Deux jours avant l'occupation de Constantinople, nous sommes tous partis de cette ville, c'est-à-dire Enwer Pascha, quelques ministres et moi, pour l'Allemagne dans l'attention de rester seulement quelques mois. Mais notre séjour ayant trop duré, Enwer et ses compagnons sont partis pour le Turkestan, et moi j'ai prié Enwer de me laisser en Allemagne pour continuer mes études. Depuis trois ans, j'ai étudié donc ici et j'ai toujours eu les moyens nécessaires pour mon entretien avec un capital en argent allemand déposé à la banque (…)". Vgl. Tabbabi, Hfaiedh, Muhammed Ali al-Hammi (1890–1928), S. 17–21.

ßerdem im Bereich des Möglichen, dass er während des Ersten Weltkrieges eventuell als Mitglied der türkischen Geheimorganisation TM beauftragt wurde, militärische Propaganda in den deutschen und Osmanischen Lagern zu betreiben, worauf an späterer Stelle noch eingegangen wird.[26] Ideologischer Hintergrund dieser Propaganda war der Panislamismus.

Zu Beginn des 20. Jahrhunderts, das durch das Aufblühen der panislamischen Bewegung gekennzeichnet war, waren sowohl Konstantinopel als auch Berlin Sammelbecken für Muslime und insbesondere für die gegen die Kolonialmächte kämpfenden muslimischen Exilanten. Der Jungtürke Enver Pascha, die Jungtunesier Salih al Sharif al Tunisi und Ali Basch Hamba sowie das Auswärtige Amt galten als die Architekten dieser panislamischen internationalen Bewegung. Berlin selbst assoziierte sich im Zuge der Wilhelminischen Weltpolitik aus geopolitischen und strategischen Gründen mit den Osmanen. Hintergrund der sogenannten Orientpolitik war der Islam als Identitätsfaktor aller Muslime. Am 3. November 1918 floh Al Hammi mit den Vertretern der Jungtürken Enver, Talat und Nazim Pascha und anderen hohen Funktionären auf einen deutschen Zerstörer.[27] Dies kann nur darauf verweisen, dass er keine marginale Persönlichkeit war. Wäre Al Hammi nur ein einfacher Fahrer Enver Paschas oder ein anonymer Offizier gewesen, hätte er nicht mit der Elite der Jungtürken nach Deutschland fliehen können. Hätte er darüber hinaus keinen engen Kontakt zu Enver Pascha und zur türkischen politischen Elite gehabt, wäre Al Hammis Aufenthalt in Berlin nach dem Ersten Weltkrieg in dieser Form auf keinen Fall möglich gewesen.

Die oben angesprochene Vermutung von Belhula, dass Al Hammi ein Gesandter der Jungtunesier zur Hohen-Pforte gewesen ist, erscheint daher durchaus plausibel, während die vorrangig in der tunesischen Literatur angeführte These, dass er nur ein einfacher Fahrer von Enver Pascha gewesen ist, hingegen eher unwahrscheinlich ist. Er ist meines Erachtens nicht nur der Chauffeur eines Kriegsministers Namens Enver Pascha gewesen, sondern auch ein Offizier in der Osmanischen Armee, wie er es von sich selbst schriftlich ausgesagt hatte[28], der den Architekten der osmanischen Politik in Nordafrika, Konstantinopel und Berlin Enver Pascha nicht zufällig begleitete.

Zwischen 1919 und 1924 hielt er sich in der Hauptstadt des Deutschen Kaiserreiches auf, die eine zweite Heimat des Panislamismus und ein Bollwerk der muslimischen Exilanten war. Dort kam Al Hammi in Berührung mit verschiedenen Organisationen und Vereinen wie der von Enver Pascha gegründeten Union der islamisch-revolutionären Gesellschaften. Engagiert war er insbeson-

---

[26] Vgl. Tabbabi, Hfaiedh, Muhammed Ali al-Hammi (1890–1928), S. 18.

[27] Vgl. Höpp, Gerhard, „Den Fragen der Raiffeisenorganisation zugewandt". Der tunesische Gewerkschaftsführer Muhammed Ali Al-Hammi und sein Aufenthalt in Berlin, S. 90.

[28] Vgl. seinen Brief vom 22. November 1922.

dere im Orientklub und in der Studentenvereinigung der Wilhelminischen Universität.

Im Exil, vor allem in der Türkei, Deutschland und der Schweiz setzten die tunesischen Nationalisten ihren Kampf für die Befreiung des Landes von der französischen Okkupation fort. Dort entfalteten sie mit anderen muslimischen Exilanten im Rahmen der panislamischen Bewegung ihre politischen Aktivitäten. Ali Basch Hamba (1881–1920) wirkte vor allem in Konstantinopel und in Berlin und gilt nach Enver Pascha als Drahtzieher und zweiter Mann der panislamischen Bewegung.

4. Die Bedeutung des Panislamismus in der Wilhelminischen Außenpolitik

Auf der internationalen Bühne stellte der erste Balkankrieg (1912/1913) den Anfang einer lang anhaltenden Kriegszeit dar, welche die arabische Welt erschütterte. Das Osmanische Reich, das sich international isoliert sah, schloss sich den Mittelmächten – eine Allianz aus Deutschland und Österreich-Ungarn – an. Die Hohe-Pforte versuchte, einer Aufteilung der islamischen Welt unter den Kolonialmächten durch eine islamische Propaganda entgegenzuwirken. Sie unterstützte den Widerstand in ihren ehemaligen Regentschaften und nahm Exilpolitiker, die ihre politischen Kampftätigkeiten vom Osmanischen Reich ausgehend fortsetzten, auf. Zu diesen zählen vor allem: der Begründer der tunesischen Bewegung Jungtunesier Ali Basch Hamba sowie Muhammed al Khidr Husein (1876–1958)[1], Ismail al Sefaihi (1856–1918)[2] und Salih al Sharif al Tunisi (1869–1920).

Im Rahmen der deutsch-türkischen Freundschaft bzw. Allianz wurde auch das Kaiserreich Empfangs zu einem Aufnahmeland für diejenigen Araber und Muslime, die von den Kolonialmächten Frankreich und England aus politischen Gründen vertrieben wurden. Die sogenannten „Exilpolitiker“ kamen seit

---

1 Muhammed al Khidr Husein: Der Religionsgelehrte Muhammed al Khidr Husein wurde 1876 in Nafta (Tunesien) geboren. Von 1888 bis 1903 studierte er an der Zitouna-Universität in Tunis. Er arbeitete als Kadi und gründete mit „sadaa al umma“ (Echo der Nation) eine Zeitschrift, die sich gegen die französische Kolonialadministration engagierte. 1911 war er gezwungen, nach Syrien und dann nach der Hohen Pforte zu emigrieren. 1914 schloss er sich der Gruppe um Salih al Sharif al Tunisi an. Im Rahmen des von Deutschland geförderten Panislamismus wurde er beauftragt, die in die Gefangenschaft geratenen Muslime vom Heiligen Djihad gegen die Entente zu überzeugen. In Berlin war er Imam in den Gefangenenlagern für Muslime. Nach dem Krieg ließ er sich in Ägypten nieder, wo er seit 1922 an der Al azhar-Universität lehrte. Dort setzte er seinen Kampf gegen die französische Kolonialmacht fort und gründete dafür einen Verein (unter dessen Mitgliedern war Habib Bourguiba). 1958 starb er in Ägypten, wo er auch begraben wurde. Vgl. http://www.islamophile.org/. Über seine Mission in den Lagern bei Berlin während des Ersten Weltkrieges siehe: Höpp, Gerhard, Muslime in der Mark. Als Kriegsgefangene und Internierte in Wünsdorf und Zossen 1914–1924, Studien 6, Zentrum Moderner Orient, Geisteswissenschaftliche Zentren Berlin, das Arabische Buch, Berlin, 1997, S. 81–82.

2 Ismail Sefaihi (1856–1918): Der tunesische Religionsgelehrte studierte an der Zitouna-Universität in Tunis. Seit 1885 war er dort als Dozent tätig, ab 1893 lehrte er am Collège Sadiki und seit 1897 war er als Kadi (Richter) beschäftigt. 1906 emigrierte er mit Salih al Sharif al Tunisi nach Istanbul und von dort nach Damaskus. 1908 reiste er in die Schweiz. 1910 gründete er mit Salih al Sharif al Tunisi die „Association gratuelle d'aide et de soutien moral entre les Algériens et les Tunisiens“. 1914 emigrierte er nach Deutschland, das damals die Befreiungsbewegungen der Araber und Muslime gegen die Kolonialmächte unterstützte. 1917 nahm er an der Internationalen Sozialistischen Konferenz in Stockholm teil. 1918 ließ er sich abermals in der Schweiz nieder, wo er schließlich verstarb. Vgl. Höpp, Gerhard, Texte aus der Fremde. Arabische politische Publizistik in Deutschland, 1896–1945, Arbeitshefte 18, das Arabische Buch, Berlin, 2000, S. 77.

Beginn des 20. Jahrhunderts verstärkt nach Deutschland. Zu ihnen gehörten insbesondere Ägypter wie der Vorsitzende der ägyptischen Nationalpartei Muhammed Farid (1886–1919)[3] und sein Parteifreund Abdelaziz Schawisch (1876–1929) sowie Tunesier wie Muhammed Basch Hamba (1881–1920) und Salih al Sharif al Tunisi, der eine wichtige Rolle in der Verbreitung des Panislamismus mit Max von Oppenheim gespielt hat.[4]

4.1. Die deutsche Orientfrage und der Panislamismus

4.1.1. Über Max Freiherrn von Oppenheim

Der deutsche *Abu Djihad*[5], Max von Oppenheim, gilt als ein kontroverser Akteur in der deutschen Außenpolitik – nicht nur weil er zwei wichtige Pläne (1914 und 1940)[6] ausgearbeitet hat, welche die Revolutionierung der islamischen bzw. arabischen Gebiete gegen die sogenannten Feinde in den Weltkriegen enthielten, sondern auch weil er teilweise – bewusst oder unbewusst – eine herausragende Rolle bei der Entstehung bzw. der Verbreitung der arabischen Befreiungsbewegung spielte.

Der Archäologe und Forschungsreisende Freiherr Max Adrian Simon von Oppenheim wurde am 15. Juli 1860 als Sohn des Kölner Bankiers Albert von Oppenheim geboren. Er zeigte seit seiner Jugend ein besonderes Interesse am Orient. Nachdem er 1883 sein Jurastudium abgeschlossen hatte, unternahm er seine erste Orientreise nach Konstantinopel. Seine zweite Reise nach Marokko verstärkte seine Begeisterung für den Orient. 1892 erlebte er als Berater des Orientalisten Gerhard Rohlfs seine erste große Expedition vom Mittelmeer bis zum Persischen Golf. Der damalige Anhänger der Wilhelminischen Weltpolitik Max von Oppenheim illustrierte in seinem zweibändigen Werk „Vom Mittelmeer

3 Vgl. Höpp, Gerhard, Arabische und islamische Periodika in Berlin und Brandenburg 1915 bis 1945, geschichtlicher Abriss und Bibliographie, das Arabische Buch, Berlin, 1994, S. 8–9.

4 Vgl. Höpp, Gerhard, Tod und Geschichte oder Wie in Berlin Prominente bestattet wurden, in: Höpp, Gerhard/Jonker, Gerdien (Hrsg.), In fremder Erde. Zur Geschichte und Gegenwart der islamischen Bestattung in Deutschland, Arbeitsheft 11, das Arabische Buch, Berlin, 1996, S. 22–23.

5 Vgl. Schwanitz, Wolfgang G., Djihad „Made in Germany“: Der Streit um den Heiligen Krieg 1914–1915, Sozial-Geschichte Heft 2, Zeitschrift für historische Analyse des 20. und 21. Jahrhunderts, 2003, S. 18.

6 Vgl. Schwanitz, Wolfgang G., Max von Oppenheim und der Heilige Krieg. Zwei Denkschriften zur Revolutionierung islamischer Gebiete 1914 und 1940, Sozial-Geschichte Heft 3, Zeitschrift für historische Analyse des 20. und 21. Jahrhunderts, 2004, S. 28–59. Der zweite Plan ist bislang unveröffentlicht. Beim ersten Plan hat es 87 Jahre gedauert, bis er im vollen Wortlaut publiziert wurde.

zum Persischen Golf"[7] die Ereignisse dieser Reise, die ihn zum Orientspezialisten machte. Von Oppenheim wusste, dass die durch seine Expedition erworbenen Erfahrungen der Wilhelminischen Außenpolitik dienen können. Sein Prinzip lautete: Verbindung des wissenschaftlichen Forschungsinteresses mit politischen und ökonomischen Motiven.[8]

Nach seiner Rückkehr im Jahre 1894 knüpfte der Orientalist enge Beziehungen mit den kolonialistischen Kreisen in Berlin und ließ den Direktor der Kolonialabteilung des Auswärtigen Amtes Paul Kayser wissen, dass eine Expedition in das Tschadsee-Gebiet nützlich gegen die dort wachsenden französischen und englischen Ambitionen sein könnte.[9] Kurz vor seiner Abreise wurde die Expedition jedoch annulliert.

Max von Oppenheim bemühte sich seitdem um eine Attachierung an eine deutsche Auslandsvertretung im Nahen Osten oder in Afrika. Expeditionen hätten ihm die Möglichkeit geboten, seine Erkenntnisse über die Beduinenvölker zu vertiefen und gleichzeitig den deutschen expansionistischen Interessen zu dienen. Salvador Oberhaus schreibt dazu:

> „Eine Attachierung an eine diplomatische Agentur im Nahen Osten oder Afrika bot in seinen Augen die ideale Voraussetzung dafür, in erster Linie seinen Forschungsinteressen nachgehen zu können und dem Vaterland noch dadurch zu dienen, fundierte Informationen aus erster Hand über politische wie soziale Konstellationen und Prozesse, Ereignisse und Perspektiven in der islamischen Welt zusammenzutragen."[10]

Man ging davon aus, dass es dem Auswärtigen Amt an Informationen über die Völker des Orients sowie deren Kultur und Alltagsleben mangelte. Expeditionen in den Orient waren daher für ein deutsches wirtschaftliches und politisches Engagement nötig.

Dem Bemühen des Freiherrn Max von Oppenheim um eine Aufnahme in den diplomatischen Dienst wurde aufgrund seiner religiösen Abstammung mit Vorbehalten gegenübergestanden Max von Oppenheim war von der Herkunft her Jude, obwohl sein Vater Albert sich schon vor der Geburt von Max zum Katholizismus, der Konfession seiner Frau, bekehrte. Das Auswärtige Amt betrachtete ihn dennoch als „Nicht-Deutsch". Der Staatssekretär Herbert von Bis-

---

7 Vgl. Oppenheim, *M. v.*, Vom Mittelmeer zum Persischen Golf, 2 Bde., Berlin, 1899 und 1900.

8 Vgl. Oberhaus, Salvador, Zum wilden Aufstande entflammen – Die deutsche Ägyptenpolitik 1914–1918. Ein Beitrag zur Propagandageschichte des Ersten Weltkrieges, Dissertation, Gutachter: Prof. Dr. Gerd Krumeich und Prof. Dr. Hans Hecker, Heinrich Heine Universität, Düsseldorf, 2006, S. 54.

9 Bereits am 20. 3. 1893 teilte Oppenheim dem Orientalist Mentor Rohlfs mit, dass er „*möglichst auf bisher noch nicht betretenen Routen*" zum Tschadsee und nach Kamerun wolle. Er hatte vorgesehen, die verschiedenen Strömungen des Islams zu studieren „*und was eventuell die gesittete Welt von den betreffenden Staaten noch erwarten kann. [...] Wenn ich auf irgendeine Weise deutsch-patriotischen Interessen förderlich sein könnte, so würde dies zu erreichen mein heißestes Bestreben sein* [...]". Zitiert nach Oberhaus, Salvador, S. 56.

10 Ebenda, S. 57.

marck äußert sich offen gegen die Aufnahme von Max von Oppenheim in das Auswärtige Amt. Er sagt dazu:

> „Ich bin einmal dagegen, weil Juden, selbst wenn sie Begabung haben, doch immer taktlos und aufdringlich werden, sobald sie in bevorzugte Stellungen kommen. Ferner ist der Name als gar zu semitisch bekannt und fordert Spott und Gelächter heraus. Außerdem würden die übrigen Mitglieder unseres diplomatischen Korps, auf dessen ausgesuchte Beschaffenheit ich stets große Mühe verwende, es peinlich empfinden, wenn man ihnen einen Judenbengel bloß deshalb zugesellt, weil sein Vater Geld zusammengejobbert hat. Wäre der Vater arm, so würde der Sohn niemals daran gedacht haben, sich in die Diplomatie einzudrängen."[11]

Festzuhalten bleibt an dieser Stelle, dass bei den deutschen Diplomaten eine antisemitische Haltung bestand.[12] Dieser antisemitische Charakter hinderte von Oppenheim, in das Auswärtige Amt aufgenommen zu werden. Erst bei seinem dritten Ersuchen 1895[13] und auf Vorschlag vom deutschen Botschafter in London Paul Graf von Hatzfeldt wurde seine Attachierung nach Kairo gebilligt. Diese Änderung in der Stellungnahme des Auswärtigen Amtes ist auf die Initiative Kaysers, Chef des Auswärtigen Amtes, zurückzuführen. Es wird nun klar, dass die Verantwortlichen des Auswärtigen Amtes in Anbetracht der entstandenen internationalen Spannungen und des englischen und französischen Drangs gen Orient am Ende des 19. Jahrhunderts, wie oben erörtert wurde, zur Überzeugung gekommen sind, die islamische Welt zukünftig systematisch zu beobachten beziehungsweise näher kennenzulernen. Im Gegensatz zu den Engländern und den Franzosen stellte der Orient für die Deutschen bis dato eine *Terra Incognita* dar.

Nach heftigen Debatten im Auswärtigen Amt bekam Max von Oppenheim am 2. Juni 1896 eine „Funktion" in der deutschen Botschaft in Kairo, der Hauptstadt von Ägypten, das politisch als wichtigstes Land in der arabischen Welt für die deutsche Diplomatie betrachtet wurde.[14] Von seiner dortigen Aufgabe erzählt von Oppenheim:

---

11 Vgl. das Schreiben Bismarcks an Rottenburg vom 25. 09. 1887. Zitiert nach Oberhaus, Salvador, S. 58. Zum Phänomen des Antisemitismus im Auswärtigen Amt in der Ära Wilhelm II. siehe, Grupp, Peter, Juden, Antisemitismus und jüdische Fragen im Auswärtigen Amt in der Zeit des Kaiserreichs und der Weimarer Republik. Eine erste Annäherung, in: Zeitschrift für Geschichtswissenschaft, Bd. 49, 1998, S. 237–248.

12 Martin Kröger hebt ebenfalls die Frage des Antisemitismus hervor. Kröger, Martin, Revolution als Programm. Ziele und Realität deutscher Orientpolitik im Ersten Weltkrieg, in: Der Erste Weltkrieg. Wirkung. Wahrnehmung. Analyse, herausgegeben von Wolfgang Michalka, Band 1927, Piper, München, Zürich, 2004, S. 368.

13 Max von Oppenheim versuchte mehrmals (1887, 1891 und 1895), in das AA. aufgenommen zu werden.

14 Über die deutsche Ägyptenpolitik siehe Kröger, Martin, Le „Bâton égyptien" – Der ägyptische Knüppel. Die Rolle der „ägyptischen Frage" in der deutschen Außenpolitik von 1875/6 bis zur „Entente Cordiale", Frankfurt a. M., 1991 (Phil. Diss.).

„Darauf [nach der gescheiterten Tschadsee-Expedition] legte das Auswärtige Amt Beschlag auf mich. Ich setzte es durch, mit dem Sitz in Kairo den Auftrag zu erhalten, die ganze islamische Welt zu beobachten und hinterher an das Amt zu berichten. Dann begann während 13 Jahren, wohl die Glanzzeit meines Lebens: 1896 [...] bis 1909 meine Attachierung an unsere Diplomatische Behörde in Ägypten. Hier mein Doppelleben in der europäischen und eingeborenen Welt, dazwischen durch die Zuteilung an die Botschaften von Paris und Washington, Forschungsreisen nach der Asiatischen Türkei und nach dem Maghreb."[15]

Bis Ende 1909 war er dem Generalkonsulat zugeordnet. Die englische Kolonialverwaltung in Ägypten betrachtete ihn als „Kaiser's Spy".[16] Dazu schrieb Max von Oppenheim:

„Meine eigenen Besuche in Cospoli, meine Forschungsreisen in den Orient, meine Sprachkenntnisse und mein Verkehr mit vielen Eingeborenen sowie meine ganze Stellung in Kairo waren im Hinblick auf das Leben und die Tätigkeit des durchschnittlichen Diplomaten etwas außergewöhnliches. So entwickelte sich die Legende, dass ich ein ‚Emissär', ein ‚Geheimagent' oder ein ‚Sondervertreter' des Kaisers im Orient sei. Viele Zeitungsartikel beschäftigten sich hiermit, aber erst seit der ‚Entente Cordiale', seitdem England und Frankreich die Macht Deutschlands brechen wollten [...]."[17]

Seine Aufgabe, wie er sie beschrieb[18], war die Berichterstattung. Sein dreizehnjähriger Aufenthalt in Ägypten räumte ihm die Möglichkeit ein, nicht nur über die politischen Entwicklungen in der Türkei, in Ägypten und im Hidjaz sowie über den arabischen Nationalismus und den Panislamismus, sondern auch über die Lebensgewohnheiten der Einheimischen und deren Denkweisen zu berichten.

Zusammenfassend kann festgehalten werden, dass Max von Oppenheims Berichte für die politischen Entscheidungsträger in Berlin eine wichtige Informationsquelle über den Nahen Osten darstellten. Sein Aufenthalt in Ägypten und seine Reisen nach Syrien und Mesopotamien eröffneten ihm die Chancen, eine zukünftig ausschlaggebende Rolle im Auswärtigen Amt zu spielen und eine neue deutsche Orientpolitik zu konzipieren. Er konnte sogar, wie er in seinen Memoiren schrieb, die Aufmerksamkeit des Kaisers auf sich ziehen:

„Graf Metternich hatte dem Kaiser [...] viel von mir und meiner Tätigkeit in Ägypten, die der Beobachtung der gesamten islamischen Welt diene, gesprochen und es veranlasst, dass meine direkt an den Reichskanzler gerichteten Berichte vom Auswärtigen

---

[15] Vgl. Oppenheims Lebenserinnerungen, in: Oberhaus, Salvador, S. 6, S. 62.

[16] Vgl. Memoiren von Roland Storrs, Orientsekretär des britischen Generalkonsulats in Kairo, in: Oberhaus, Salvador, S. 64.

[17] Vgl. Oppenheims Lebenserinnerungen, in: Oberhaus, Salvador, S. 65.

[18] „Meine Berichterstattung an das Auswärtige Amt [...] war außerordentlich vielseitig. Meine Aufgabe war von Cairo aus die Bewegungen der ganzen islamischen Welt zu beobachten. In erster Linie musste ich mich natürlich mit den eingeborenen Verhältnissen des Nillandes selbst beschäftigen und dann mich bemühen, Nachrichten über alle Strömungen und die Muhammedaner betreffenden Ereignisse der ganzen Welt zu erhalten." Oppenheims Lebenserinnerungen, in: Oberhaus, Salvador, S. 65.

Amte regelmäßig seiner Majestät vorgelegt werden sollten. Augenscheinlich hatte sich der Kaiser für einzelne meiner Berichte ernsthaft interessiert, wie mir Metternich mitteilte, sie mit dicken, zusagenden Bleistiftstrichen versehen."[19]

Während seines Aufenthalts in Kairo knüpfte Max von Oppenheim enge Kontakte zu einflussreichen ägyptischen Männern wie zum Khediven Abbas Hilmi II. Des Weiteren verfasste er zu dieser Zeit seine Denkschrift, die eine Insurrektionspolitik vorsah, nach welcher sich die Bevölkerung in vielen Teilen der von England und Frankreich kolonisierten arabischen und muslimischen Länder erheben sollte. Er war der Auffassung, dass die Wirkungsmächtigkeit des Panislamismus den deutschen Interessen dienen kann. Hiervon konnte er schließlich auch den deutschen Kaiser Wilhelm II. überzeugen. Um diese Politik umzusetzen, schlug von Oppenheim dem Kaiser einen dem Auswärtigen Amt untergeordneten politischen Dienst vor, der diesen Entwurf koordinieren und entwickeln sollte, die sogenannte Nachrichtenstelle für den Orient (NfO).

4.1.2. Von Oppenheims Denkschrift: „Die Revolutionierung der islamischen Gebiete unserer Feinde"

„Gelegentlich hat er mit mir seine Gedanken besprochen zur Revolutionierung der islamischen Welt gegen ihre Unterdrücker, d.h. gegen die Staaten, die jetzt 1914 im Kampfe gegen unser Reich standen. Seine Idee, ein Büro zu gründen, das mit sprachkundigen Männern besetzt, vor allem sich bemühen sollte, die islamische Welt entsprechend aufzuklären und aufzufordern, mit dem Deutschen Reiche gemeinsame Sache zu machen, lag nahe und konnte restlos meinen Beifall finden"[20], so von Oppenheims Stellvertreter in der NfO Karl E. Schabinger Freiherr von Schowingen.

Als Gründer und erster Leiter der NfO war von Oppenheim am politischen Entscheidungsprozess des Auswärtigen Amtes (AA) am Beginn des Ersten Weltkrieges stark beteiligt, so dass *„die Orientpolitik des Ersten Weltkrieges zeitweise in der NO mitformuliert wurde, ihr operativer Teil dort mitorganisiert."*[21] Von Oppenheims Plan wirft folgende Fragen auf: Wozu verfasste er einen deutsch-osmanischen Djihad-Plan? Warum verbündete er sich mit bekannten islamistischen Kreisen und was bedeutete für ihn das Bündnis mit dem Islam? Dies soll nachfolgend geklärt werden.

---

[19] Vgl. Oppenheims Lebenserinnerungen, in: Oberhaus, Salvador, S. 68.

[20] Vgl. Von Schowingen, Karl Emil Schabinger, Weltgeschichtliche Mosaiksplitter. Erlebnisse und Erinnerungen eines kaiserlichen Dragomans, hrsg. von Karl Friedrich Schabinger von Schowingen, Baden-Baden, 1967, S. 104–105 (Manuskript im Politischen Archiv des Auswärtigen Amtes), in: Schwanitz, Wolfgang G., Max von Oppenheim und der Heilige Krieg. Zwei Denkschriften zur Revolutionierung islamischer Gebiete 1914 und 1940, S. 32.

[21] Vgl. Kröger, Martin, Revolution als Programm. Ziele und Realität deutscher Orientpolitik im Ersten Weltkrieg, S. 366.

Im Oktober 1914 legte Max von Oppenheim Wilhelm II. einen Plan vor, um die islamischen Gebiete zu revolutionieren. Dabei handelte es sich im Sinne von Martin Kröger um die Insurrektion des gesamten Raumes *„von Marokko bis Ägypten und vom Bosporus bis nach Indien“*[22] gegen die Großmächte Frankreich, England und Russland. Seine über 20 Jahre hinweg gemachten Erfahrungen im Orient und in den Maghreb-Staaten verfasste er in 136 maschinengeschriebenen Seiten. Sie ermöglichten es ihm, Auskünfte über Traditionen und Sitten der Beduinen und Araber zu sammeln und eine Vertrautheit mit deren Religion, Region und Denkweisen aufzubauen. Darauf aufbauend bildete er Vorschläge hinsichtlich der künftigen Berliner Orientpolitik, die er dem AA zur Verfügung stellte.

Beim ersten Plan hatte es 87 Jahre (bis 2001) gedauert, so Wolfgang Schwanitz, bis er in voller Fassung herausgegeben wurde.[23] Der zweite Plan von 1940, der von den Nationalsozialisten konzipiert und operationalisiert wurde, ist bis heute unveröffentlicht geblieben.

Für diese Arbeit ist Oppenheims erster Plan von großem Belang, nicht nur weil unser Protagonist Al Hammi in der damaligen Zeit der NfO nahestand, wie schrittweise in dieser Arbeit gezeigt werden soll, sondern auch weil an der Ausarbeitung und Anwendung dieses Plans Scheich Salih al Sharif al Tunisi und andere Tunesier sowie Araber stark beteiligt waren. Zudem beeinflusste er die Fortsetzung und Entwicklung der tunesischen beziehungsweise arabischen Nationalbewegungen und des Panislamismus. Dabei darf nicht vergessen werden, dass die Wilhelmstrasse die Disziplinierung der arabischen Nationalbewegungen und des Panislamismus im Dienste der Orientpolitik und der deutschen Einflusssphärenkonflikte beabsichtigte. Demgegenüber wurde der Panarabismus „gebremst“, weil er von Oppenheims Plan zu widersprechen schien. Wolfgang Schwanitz schreibt dazu:

> „Sultan Abd al-Hamid II. empfing Max von Oppenheim in Istanbul. Mit dem Osmanen-Herrscher erörterte er den Panislamismus, der vor allem nationalistische Araber mit ihren panarabischen Bewegungen bremsen sollte, das Osmanische Reich zu sprengen.“[24]

---

[22] Ebenda.

[23] Vgl. Epkenhans, Tim, Geld darf keine Rolle spielen, II. Teil, das Dokument (Max von Oppenheims großer Djihad-Plan), in: Archivum Ottomanicum, 19 (2001), S. 121–163. Reproduziert von Schwanitz, Wolfgang G., Max von Oppenheim und der Heilige Krieg. Zwei Denkschriften zur Revolutionierung islamischer Gebiete 1914 und 1940, S. 45–55. Dazu siehe auch Denkschrift betreffend die Revolutionierung der islamischen Gebiete unserer Feinde von Max Freiherrn von Oppenheim, Kaiserlicher Minister-Resident, Politisches Archiv des Auswärtigen Amtes, Berlin (PA-AA), R 20938: WK Nr. 11, in: Kröger, Martin, Revolution als Programm. Ziele und Realität deutscher Orientpolitik im Ersten Weltkrieg, S. 368.

[24] Vgl. Schwanitz, Wolfgang G., Max von Oppenheim und der Heilige Krieg, S. 33.

Das Endziel dieses Plans sollte die Gegner des Deutschen Reiches und zugleich der Mittelmächte im Ersten Weltkrieg durch eine Destabilisierungsstrategie schwächen. So sah von Oppenheim als Hauptbedingung *„die intensive Mitwirkung der Türken unter der Fahne des Sultan-Kalif in einer zielbewussten Organisation“*[25] vor. Dabei war die Strategie wie folgt gedacht:

> „Wir müssen der Türkei Menschen, Geld und Material zur Verfügung stellen (...) Die türkische Propaganda ist in Konstantinopel zu zentralisieren, aber dauernd von deutscher Seite zu leiten und zu unterstützen, allerdings in einer Weise, dass die Türken glauben, es stehe ihnen nur ein freundlicher Berater zu Seite, und derart, dass sie sich nach wie vor als die eigentlichen Macher betrachten und ausgeben können... Zwei oder drei mit der panislamischen Aktion und den Propagandamöglichkeiten genau vertraute deutsche Herren, die nach Konstantinopel zu gehen hätten, würden genügen; die zu behandelnden islamischen Gebiete wären zu verteilen. Die Herren müssten unter sich organisiert dem kaiserlichen Botschafter[26] unterstehen um die Leitung der Gesamtaktion in ein und derselben Hand vereinigt zu lassen.“[27]

Der Denkschrift Max von Oppenheims folgend soll die Revolutionierungspropaganda, die in Konstantinopel zu zentralisieren ist, von den Türken betrieben werden. Die Deutschen stehen beratend und unterstützend zur Seite. Die Propagandaarbeit der Türken sollte sich auf die Maghreb-Staaten, Ägypten, Indien und Afghanistan ausrichten. Sie hatte zum ersten Ziel, kriegerische Aktionen in wichtigen Gebieten in Gang zu setzen. Der Plan umreißt daher eine Arbeitsteilung beider Seiten: Die Deutschen konzipierten die Revolutionierung zum Djihad, während die Osmanen ihn durch Ideologie, Volkserhebungen gegen die Entente in den Kolonien unter dem Motto des Heiligen Krieges realisierten. Der Aufruf hierfür sollte dabei durch den Osmanischen Kalifen erfolgen, um einen tiefen Einfluss auf alle Muslime auszuüben, und war nicht gegen alle „Kuffaar“ (Ungläubige), sondern nur gegen die gemeinsamen Feinde zu richten. Anders gesagt sind die Freunde, das heißt die Deutschen, auszuschließen:

> „Vorbedingung einer kriegerischen Aktion ist die Propaganda unter allen Muslimen. Sie muss mit dem Nimbus die Sultan-Kalifen umgeben und in seinem Namen ausgeführt werden. Aufruf zum ‚Heiligen Krieg‘. Gleich hier sei aber bemerkt, dass dieser Aufruf nicht gegen die Kafir (Ungläubige) allgemein, sondern die betreffenden Fremd-

---

25 Vgl. Denkschrift betreffend die Revolutionierung der islamischen Gebiete unserer Feinde von Max Freiherrn von Oppenheim, Kaiserlicher Minister-Resident, Politisches Archiv des Auswärtigen Amtes, Berlin (PA-AA), R 20938: WK Nr. 11, in: Kröger, Martin, Revolution als Programm. Ziele und Realität deutscher Orientpolitik im Ersten Weltkrieg, S. 368.

26 Bis 1915 war Hans Freiherr von Wangenheim der deutsche Botschafter im Osmanischen Reich.

27 Vgl. Denkschrift betreffend „die Revolutionierung der islamischen Gebiete unserer Feinde“ von Max Freiherrn von Oppenheim, S. 46.

herren zu richten ist, um nicht andere Nationen darunter leiden zu lassen und insbesondere in Indien einer Spannung zwischen Hindus und Muslime vorzubeugen."[28]

Der Denkschrift zufolge sollte auch das Deutsche Reich Propaganda ausüben. So sollte ein Übersetzungsbüro mit Unterstützung des Auswärtigen Amtes, des Kulturministeriums und der Reichsdruckerei sowie unter Mitarbeit deutscher Professoren und Lektoren der *„Psyche des Orientalen angepasste wahrheitsgetreue Kriegsberichte (Aufrufe usw.) in den betreffenden Fremdsprachen"*[29] erstellen. Diese sollten *„regelmäßig, jedenfalls allwöchentlich, am Platze sein."*[30] Die deutsche Presse war im Dienste der deutschen Orientpolitik zu disziplinieren. Max von Oppenheim setzte sich sorgfältig mit den Möglichkeiten der deutschen Propaganda in den verschiedenen Gebieten auseinander. An erster Stelle stand Ägypten, wo er selbst dreizehn Jahre gelebt hatte. Dann folgten die russisch-islamischen Regionen Persien, Afghanistan, Indien und mit geringerer Wichtigkeit bildeten Marokko, Algerien und Tunesien den Schluss. Max von Oppenheim war der Meinung, dass das ägyptische Volk flächendeckend – Ausnahme dabei ist ein Teil der Kopten – englandfeindlich ist. Daher sah er den Moment für eine Revolte als günstig an. Die nationale ägyptische Bewegung unter dem Kehdiven Abbas Hilmi sollte hierfür mit den Türken zusammenarbeiten, um ein türkisches Eingreifen durch den Suezkanal zu ermöglichen. Die Türken ihrerseits sollten von deutschen Offizieren und Kriegsfachleuten, die an der Revolte teilnehmen würden, Unterstützung erhalten. Dieser großen Aktion sollen aber andere kleine Sabotageakte vorangehen. Den Ägyptern blieb die Aufgabe vorbehalten, *„möglichst viele kleine Putsche, Attentate etc. (...) ganz gleichgültig, ob diese gelingen oder nicht (...)[vorzunehmen, um] die Engländer in Ägypten noch kopfloser machen, wie sie es augenscheinlich schon sind."*[31]

Das gleiche Szenario sah die Denkschrift für den Kaukasus vor. Hier ging es darum, die russische Schwarzmeerflotte zu vernichten und die in Russland lebenden muslimischen Minderheiten zu revolutionieren. Von den Armeniern und den christlichen Kaukasus-Völkern erwartete von Oppenheim nichts. Ferner sollten die Türken, unterstützt von den Deutschen, einen Militärschlag von Persien aus gegen Russland durchführen, um die Ölquellen von Baku in Brand zu stecken. Ziel war: Persien gegen die Engländer und die Russen aufhetzen und die Ölförderung nahe des Schatt al-arab für die Osmanen gewinnen. Trotz seiner geringen Einwohnerzahl wurde auch Afghanistan von von Oppenheim

---

[28] Vgl. Denkschrift betreffend „die Revolutionierung der islamischen Gebiete unserer Feinde" von Max Freiherrn von Oppenheim, in: Schwanitz, Wolfgang G., Max von Oppenheim und der Heilige Krieg, S. 46.

[29] Ebenda, S. 47.

[30] Ebenda.

[31] Vgl. Jagow an Deutsche Botschaft Pera, 3. 8. 1914, Tel. Nr. 305, PA-AA, R 1913: Deutschland 128 Nr. 5 secr., Versuch der Türkei dem geheimen Bündnisvertrage zwischen Deutschland, Österreich und Italien beizutreten, B. 3, in: Kröger, Martin, Revolution als Programm. Ziele und Realität deutscher Orientpolitik im Ersten Weltkrieg, S. 369.

in seine Pläne einbezogen. Der dortige Emir Habibullah Kahn sei nach seiner Einschätzung bereit, mit Deutschland gegen England und Russland zu kämpfen. Eine afghanische Revolte gegen die Entente werde dann die indischen Muslime ermuntern. Enver Paschas[32] Vorschlag, eine türkische Mission, begleitet von etwa zwanzig deutschen Offizieren, nach Afghanistan zu entsenden, werde die Erfolgschancen des Plans außerdem erhöhen. Dieser Mission werden sich dann auch Inder anschließen, die *„einem zur Vorbereitung einer indischen Revolution in Deutschland zusammengetretenen Komitee fanatischer Nationalisten angehören."*[33]

Die Insurrektionsvorschläge von Oppenheims betrafen auch die Staaten Nordafrikas, hier dann gegen Frankreich gerichtet. Dies betraf Marokko, Algerien und Tunesien. Ersteres ist insofern hervorzuheben, als die Marokkaner den Osmanischen Kalifen nicht anerkannten: „Sie betrachteten ihre Sultane, die ihre Abstammung auf den Propheten Muhammed zurückführten, als die einzigen Nachfolger der alten Kalifen".[34]

Hervorzuheben ist, dass Max von Oppenheim während seines Dienstaufenthalts in Ägypten politische Führungspersönlichkeiten kennenlernte, die in Syrien lebten, entweder in selbst gewählter Verbannung oder von der französischen Kolonisation dorthin verbannt. Als signifikante Beispiele sind hier der Neffe[35] des algerischen Emirs Abdelkader[36] und der ägyptische Nationalist Scheich Abdelaziz Schawisch (1876–1929)[37] zu nennen. Er stand sogar einflussreichen arabischen Kreisen nahe und war mit ihnen eng befreundet, so zum Beispiel mit

---

[32] Enver Pascha wurde im Januar 1914 Kriegsminister im Kabinett Said Halim Paschas. Zwar war der Sultan Oberbefehlshaber, doch führte Enver als Stellvertreter faktisch den Oberbefehl mit dem Kriegseintritt der Türkei am 21.10.1914. Er ließ die Sonderformation tashkilat-i makhsusa bilden, die durch ihre Untergrundkämpfer auch Aufstände im Kaukasus und Iran anzetteln sollte.

[33] Vgl. Schwanitz, Wolfgang G., Max von Oppenheim und der Heilige Krieg, S. 49. Zu Max von Oppenheim als Leiter des Büros für Indische Angelegenheiten und sein „Indian Independence Committee" oder „indisches Komitee" nebst Mitarbeitern siehe: Oesterheld, Joachim, Günther, Lothar (Hrsg.), Inder in Berlin, Berlin, 1997, Berlin, 2003.

[34] Vgl. Schwanitz, Wolfgang G., Max von Oppenheim und der Heilige Krieg, S. 50.

[35] Es geht hier laut Wolfgang G. Schwanitz um Ahmad Mukhtar Abdelkader (den Neffen des Emir Abdelkader). Dieser war, wie andere auch, so beispielsweise der Tunesiers Salih al Sharif al Tunisi, in der Nachrichtenstelle für den Orient in Berlin und Konstantinopel tätig.

[36] Der Sufi Emir Abdelkader (1808–1883) ist ein Symbol des algerischen Widerstandes. Er führte den Befreiungskrieg gegen Frankreich von 1832 bis 1847, was ihm acht Jahre Gefängnis einbrachte. Den Rest seines Lebens verbrachte er im Exil in Damaskus, wo er auch starb.

[37] Der in Tunesien geborene Religionsgelehrte und Panislamist arbeitete in der Nachrichtenstelle für den Orient, lebte im Ersten Weltkrieg in Berlin und war 1922 Berater Mustafa Kemals (Atatürk). Er war von 1916 bis 1918 Herausgeber der Zeitschrift „Die Islamische Welt" in Berlin, von 1919 bis 1922 Vorsitzender der deutschen Sektion der ägyptischen Nationalpartei sowie 1921 Vizepräsident des „Orientklubs". Vgl. Höpp, Gerhard, Texte aus der Fremde. Arabische politische Publizistik in Deutschland 1896–1945; eine Bibliographie, S. 84–85.

dem ägyptischen Vizekönig Abbas Hilmi II., dem von ihm als Freund vorgestellten Scheich Sakib Arslan[38] und dem ägyptischen Reformer Muhammed Abduh.

Einen weiteren nicht weniger wichtigen Punkt in der Denkschrift stellen die Gefangenenlager dar. Max von Oppenheim sah vor, muslimische Kriegsgefangene in Lager zu bringen und sie nicht als Gegner, sondern als Gäste zu behandeln: „Gute Behandlung. Errichtung einer Moschee. Bestellung eines Mullah, geschächtetes Fleisch. Dolmetscher, die das Arabische vollständig beherrschen. Vernehmung und Registrierung der Gefangenen, Briefverkehr [...]".[39] Das Ziel dieser Lager war es, die Sympathie der Gefangenen durch Propaganda sowie ihre Betreuung durch die muslimischen Religionsgelehrten wie den Neffen Abdelkaders und den Tunesier Salih al-Sharif al Tunisi zu gewinnen, und sie dem Sultan-Kalif als Soldaten zur Verfügung zu stellen.

Ferner sah von Oppenheim die Entsendung von 14 Türken (sieben Tunesier, zwei Algerier und fünf Marokkaner), die aus dem Sennelager ausgesucht worden waren, nach Konstantinopel, dann nach Syrien und in den Hidjaz vor, um auf die Pilger Einfluss zu nehmen und ihnen von der deutschen Islamfreundschaft zu berichten:

> „Das Eintreffen der ersten muslimischen Gefangenen wird zweifellos in der Türkei einen großen Eindruck, vor allem auf die zahlreichen muhadjir[40] machen. Von dort aus wird er sich auf die übrige islamische Welt verbreiten. Es wäre gut", fügt von Oppenheim hinzu, „wenn einige der Turkos alsdann sofort nach Syrien weiter expediert würden, um nicht nur auf die dortigen algerischen Emigranten, sondern auf die zahlreichen, gerade jetzt nach den großen Festen aus dem Hidjaz erwarteten Pilger einzuwirken."[41]

Im Mittelpunkt des Oppenheimischen Plans stand der Islam. Dieser stellte das einende Band der Muslime im Kampf gegen England, Frankreich und Russland dar. Damit war eine Religion an einem an sich unreligiösen Krieg beteiligt. In diesem Zusammenhang schrieb von Oppenheim an den Kaiser:

---

38 Sakib Arslan ist ein berühmter libanesischer Schriftsteller und Politiker. 1914 wurde er Abgeordneter im Osmanischen Parlament. Am Ende des Ersten Weltkrieges emigrierte er nach Deutschland, wo er 1921 mit anderen arabischen Protagonisten den „Orientklub" in Berlin gründete. Er wurde dann Delegierter des syrisch-palästinensischen Kongresses und Leiter der syrisch-palästinensischen Delegation beim Völkerbund in Genf. Den Rest seines Lebens verbrachte er mit der Verteidigung der arabisch-islamischen Welt gegen die imperialistische Politik der Entente. Vgl. Höpp, Gerhard, Texte aus der Fremde. Arabische politische Publizistik in Deutschland 1896–1945; eine Bibliographie, S. 19–20.

39 Vgl. Schwanitz, Wolfgang G. Max von Oppenheim und der Heilige Krieg, S. 53.

40 Einwanderer

41 Vgl. Denkschrift betreffend „die Revolutionierung der islamischen Gebiete unserer Feinde" von Max Freiherrn von Oppenheim, in: Schwanitz, Wolfgang G., Max von Oppenheim und der Heilige Krieg, S. 53–54.

„Das Eingreifen des Islam in den gegenwärtigen Krieg ist besonders für England ein furchtbarer Schlag. Tun wir alles, arbeiten wir vereint mit allen Mitteln, damit derselbe ein tödlicher wird.“[42]

Die Unterstützung und positive Einstellung der Deutschen gegenüber dem Islam lässt sich durch die vom Kaiserreich betriebene Sicherheitspolitik im politischen Konflikt mit der konkurrierenden Entente um die Einflusssphäre in Europa und im Rest der Welt erklären. Diese bedurfte der Allianz mit dem Islam und der unterdrückten islamischen Welt. Von Oppenheim zufolge genoss das Kaiserreich einen besonderen Respekt und hatte aufgrund seiner Sympathie für die Muslime ein ungeheures Kredo in der Islamischen Welt:

„Wie ich mich aus meinem zwanzigjährigen Aufenthalt im Orient überzeugen konnte, genießt unser gnädigster Kaiser und Herr in allen Teilen der islamischen Welt ein ungeheures Ansehen und allgemeinste tief gehende aus dem Herzen kommende Verehrung. Geld darf im vorliegenden Fall keine Rolle spielen. [...] In erster Linie haben wir gegenwärtig an unsere Selbstverteidigung zu denken, den Islam für uns auszunutzen und diesen jetzt nach Kräften zu stärken.“[43]

Von Oppenheims Revolutionierungspläne wurden ab 1914 von den deutschen diplomatischen Vertretungen in neutralen Ländern wie der Schweiz umgesetzt. In Bern nahm von Oppenheim früh Kontakt zu indischen Nationalisten auf. Die schweizerische Hauptstadt war *„die wichtigste Sammelstelle der Auslandsorientalen aller politischen Richtungen und damit das Zentrum der für den Orient vorgesehenen Spionage und Gegenspionage“*[44], so Wolfdieter Bihl. Die NfO verfügte seit August 1915 über einen eigenen Agenten und seit April 1916 über einen ständigen Vertreter mit dem Ziel, Kontakte mit Exilanten und politischen Akteuren aus verschiedenen muslimischen Ländern zu knüpfen.

In Konstantinopel widmeten sich die deutschen Botschafter Hans Freiherr von Wangenheim und ab 1915 Paul Graf Wolff-Metternich der Koordination mit Enver Pascha und den muslimischen Religionsgelehrten, vor allem Salih al Sharif al Tunisi, um von Oppenheims Djihad-Pläne in Gang zu setzten. In der Wilhelmstraße selbst koordinierten die Akteure der deutschen Orientpolitik, der Legationssekretär Otto von Wesendonck und Unterstaatssekretär Arthur Zimmermann, zusammen mit dem Chef der militärischen politischen Sektion im stellvertretenden Generalstab Rudolf Nadolny die Aktionen. Auch Wilhelm II. zeigte seinen Enthusiasmus für die „Zunutzemachung“ des Islams und der Djihad-Politik. Kurz vor dem Krieg gab er bekannt, dass er für eine allgemeine Insurrektionsstrategie eintrat:

---

42 Ebenda, S. 31.

43 Ebenda, S. 54–55.

44 Vgl. Wolfdieter, Bihl, Die Kaukasus-Politik der Mittelmächte. Teil I: Ihre Basis in der Orient-Politik und ihre Aktionen 1914–1917, Wien, 1975, S. 101–112, in: Kröger, Martin, Revolution als Programm. Ziele und Realität deutscher Orientpolitik im Ersten Weltkrieg, S. 386.

„Die deutsche Militärmission muss auch im Krieg in der Türkei verbleiben und gegen England den Krieg und Aufstand schüren."[45] Tags darauf vermerkte er: „Unsere Konsuln in der Türkei und Indien, Agenten usw. müssen die ganze mohammedanische Welt gegen dieses verhasste verlogene gewissenlose Krämervolk zum wilden Aufstand entflammen; denn wenn wir uns verbluten sollen, dann soll England wenigstens Indien verlieren."[46]

Generalstabchef Helmuth von Molke war auch dieser Ansicht. Jagow seinerseits informierte den deutschen Botschafter in Konstantinopel Hans von Wangenheim hierüber:

„Da mit Englands Eingreifen gegen uns gerechnet werden muss, bitte Erforderliches vorbereiten, damit englische Marinemission mit türkischer Flotte keinen Missbrauch treiben kann und mohammedanische Parole in englische Kolonien besonders nach Indien geworfen wird. Revolutionierung Kaukasus wäre erwünscht.[47] Wilhelm II. selbst teilte dem türkischen Kriegsminister Enver Pascha schriftlich mit: Türkei muss losschlagen. S.M. der Sultan muss die Muselmanen in Asien Indien, Ägypten, Afrika zum heiligen Kampf fürs Kalifat aufrufen."[48]

Die formulierten Ziele von Oppenheims Insurrektions- und Djihadpläne erhielten, wie oben dargestellt, die Zustimmung der Entscheidungsträger in Berlin. Zum ersten Mal in der modernen Geschichte wird der Islam von einer europäischen Macht gegen andere europäische Mächte als Kampfstrategie instrumentalisiert.

---

45 Vgl. Randbemerkung Wilhelms II. zu Wangenheim an AA, 29. 7. 1914, Tel. Nr. 383, PA-AA, R 13262: Türkei 139, Überlassung von preußischen Offizieren und Finanzbeamten an die Pforte zu Reorganisationszwecken, Bd. 33, in: Kröger, Martin, Revolution als Programm. Ziele und Realität deutscher Orientpolitik im Ersten Weltkrieg, S. 371.

46 Vgl. Teil einer umfangreichen Schlussbemerkung Wilhelm II. zu Pourtalès an Jagow, 30.7.1914, Tel Nr. 189; gedruckt in Julikrise und Kriegsausbruch 1914, bearb. und eingel. von Imanuel Geiss, Hannover 1964, Bd. 2, Nr. 698, S. 293, in: Kröger, Martin, Revolution als Programm. Ziele und Realität deutscher Orientpolitik im Ersten Weltkrieg, S. 371.

47 Vgl. Jagow an Deutsche Botschaft Pera, 3.8.1914, Tel. Nr. 305, PA-AA, R 1913: Deutschland 128 Nr. 5 secr., Versuch der Türkei dem geheimen Bündnisvertrage zwischen Deutschland, Österreich und Italien beizutreten, Bd 3, in: Kröger, Martin, Revolution als Programm. Ziele und Realität deutscher Orientpolitik im Ersten Weltkrieg, S. 371.

48 Vgl. AA an Deutsche Botschaft Pera, 15.8.1914, Tel. Nr. 403; Fundort des Konzepts, das die Paraphe Zimmermanns vom selben Tag trägt: PA-AA, R 20936, in: Martin Kröger, Revolution als Programm. Ziele und Realität deutscher Orientpolitik im Ersten Weltkrieg, S. 371.

4.2. *Die Frage der Instrumentalisierung des Islam-Djihads als Insurrektionsmittel*

„Ganz plötzlich hatten Journalisten, Akademiker und Offiziere ihre Liebe zum ‚Islam' entdeckt, vor allem aber zu dem Panislam ‚Abdülhamid'scher Prägung', diesem ‚rein geistigen Band', das Muslime ‚aller Zungen' verbinde und mit ‚dem Begriffe des ‚Deutschtums' zu vergleichen sei"[49], so Herbert Landolin Müller.

Bereits im letzten Kapitel wurde sichtbar, dass der Islam eine Alternative bzw. ein Mittel zum deutschen ideologischen und politischen Antagonismus gegen die Verbündeten darstellte. So entstand eine Allianz des Deutschtums mit dem Panislamismus.

Die Operationalisierung des Islams für die Orientpolitik war eine Strategie der deutschen Diplomatie Anfang des 20. Jahrhunderts. *„Das Eingreifen des Islam in den gegenwärtigen Krieg ist besonders für England ein furchtbarer Schlag. Tun wir alles, arbeiten wir vereint mit allen Mitteln, damit derselbe ein tödlicher wird"*[50], so schrieb Max von Oppenheim in seinem Djihad-Plan an den Kaiser.

Die Idee, die den Panislamismus zur Schwächung des Gegners ins Zentrum der deutschen Ostpolitik rückte, wurde von Max von Oppenheim größtenteils schon während seines Kairo-Aufenthalts erörtert und in einem Bericht festgehalten. „Die Panislamische Bewegung", ein Bericht von 1898, gilt vielen Historikern zufolge als Initial für die deutsche Revolutionierungspolitik in der islamischen Welt[51]:

„Der Djehad, der Heilige Krieg gegen die Ungläubigen, hat im Laufe der Zeiten seine Gestalt verändert, es wird ihm gegenwärtig statt seines früheren rein aggressiveren ein mehr defensiver Charakter beigemessen. Auch heute noch würden seine Folgen unberechenbar sein, wenn er ausgerufen würde, nachdem die muhammedanischen Völker in gehöriger Weise vorbereitet worden wären. Der Sultan von Konstantinopel erhielt, ohne den Djehad proklamiert zu haben, bereits in dem letzten Kriege gegen Rußland aus allen Ländern des Islam Geldbeiträge und Freiwillige, [...]. Die muhammedanische Welt hat seit langer Zeit aufgehört, ein Einheitsstaat zu sein, aber der panislamische Gedanke hat immer bestanden und wird stets bestehen. Vor mehreren Jahrzehnten wurde von Konstantinopel eine Art panislamischer (sic!) Bewegung begonnen. In außerordentlich geschickter Weise hat diese der gegenwärtige Sultan mit großer Energie in die Hand genommen [...]. Mehr als je ist der Sultan gegenwärtig als der mächtigste muhammedanische Fürst und der Herr und Beschützer der heiligen Städte in der ganzen Welt des Islams angesehen. Mag er für eine Großmacht als direkter Gegner auch weniger gefährlich erscheinen, so würde er im Kampfe gegen jeden Staat, der

---

49 Vgl. Müller, Herbert Landolin, Islam, ǧihād (Heiliger Krieg) und Deutsches Reich, S. 176.

50 Vgl. Max von Oppenheim. Denkschrift betreffend die Revolutionierung der islamischen Gebiete unserer Feinde, Berlin 1914, S. 136, in: Schwanitz, Wolfgang G., Max von Oppenheim und der Heilige Krieg. Zwei Denkschriften zur Revolutionierung islamischer Gebiete 1914 und 1940, S. 31.

51 An dieser Stelle ist zu nennen: Schwanitz, W. G., Paschas, Politiker und Paradigmen. Dieser Beitrag erschien erstmals in *Comparativ* 14, 2004,1, S. 22–45.

zahlreiche muhammedanische Unterthanen besitzt, ein wertvoller Bundesgenosse werden können. [...] Es ist bemerkenswerth, wie Deutschland, das sich als Freund des Sultans auch in der Zeit seiner Noth gezeigt hat, von den christlichen Mächten sich gegenwärtig der größten Beliebtheit bei den muhammedanischen Völkern erfreut."[52]

Das Potential des Panislamismus, den man gegen die „Feinde" instrumentalisieren konnte, wurde demnach bereits Ende des 19. Jahrhunderts erkannt. Von Oppenheim war bewusst, dass der Islam für die Araber und Muslime einen ausschlaggebenden Identitätsfaktor darstellt. Der Panislamismus würde alle Muslime solidarisieren und unter einer Fahne vereinigen, so dass eine besondere Mobilisierung unter den muslimischen Völkern eintritt. Grundlage hierfür sollte eine solide deutsch-türkische Freundschaft bilden. Im Kontext des Krieges operationalisierte das AA den von Max von Oppenheim vorgelegten Djihad-Plan, der die Schaffung panislamischer Bewegungen vorsah und die islamische Welt zu flächendeckenden Aufständen durch Insurrektions- bzw. Djihad-Strategien motivierten sollte.

Auf die Frage, warum ein Deutscher den Djihad-Plan verfasste, kann wie folgt geantwortet werden: Berlin selbst strebte zwar keine Kolonien im Nahen und Mittleren Osten an, in Deutschland herrschte aber die Angst vor, *„die muslimischen Heerscharen ihrer Feinde und die anderen Potenzen aus deren Kolonien könnten über ihr Sein oder Nichtsein entscheiden.*"[53] Um das verhindern zu können, konzipierte Max von Oppenheim, nachdem er zwei Jahrzehnte im Orient verbracht hatte, eine globale Strategie. Die Idee der Unruhestiftung sollte die Hauptfronten durch Aufstände und Störaktionen im feindlich-kolonialen Hinterland entlasten und die Muslime gegen die Feinde aufwiegeln.[54]

Politiker, Paschas und Akademiker entwickelten die Djihad-Konzeption, viele Determinanten beeinflussten ihre Umsetzung: Max von Oppenheims Denkschrift über die Revolutionierung des kolonialen Hinterlands der Feinde, der Berliner Koordinator der Djihad-Aktionen der NfO, das Osmanische Rechtsgutachten für den Djihad (Jihad-Fatwa), und Beckers Umsetzung des Heiligen Krieges. Carl Heinrich Becker war, Wolfgang Schwanitz zufolge, derjenige, der sich ausführlich mit der deutschen Djihad-Politik beschäftigt hat.[55] Er bemühte sich darum, die deutsche Islampolitik und den Djihad in den akademischen und intellektuellen Kreisen zu rechtfertigen. Nur wenige Stimmen waren gegen von Oppenheims Plan, so zum Beispiel der Orientalist Georg Kampfmeyer,

---

52 Vgl. PA-AA, R 14556, Bericht Oppenheims an das Auswärtige Amt und Reichskanzler Hohenlohe Schillingfürst vom 05.07.1898, in: Oberhaus, Salvador, S. 107–108.

53 Vgl. Schwanitz, Wolfgang G., Max von Oppenheim und der Heilige Krieg. Zwei Denkschriften zur Revolutionierung islamischer Gebiete 1914 und 1940, S. 37.

54 Vgl. Schwanitz, Wolfgang G., Paschas, Politiker und Paradigmen, S. 9.

55 Vgl. Schwanitz, Wolfgang G., Djihad „Made in Germany": Der Streit um den Heiligen Krieg 1914–1915, Sozial-Geschichte Heft 2, Zeitschrift für historische Analyse des 20. und 21. Jahrhunderts, 2003, S. 7–34.

der die deutschen Anstrengungen vor allem in Nordafrika für vergeblich hielt.[56]

Das AA beobachtete die verschiedenen Veröffentlichungen der Orientalisten wie die von Becker und Kampfmeyer mit regem Interesse.[57] Dass das Bündnis mit dem Islam als eine Art Herabsetzung der deutschen Kultur und eine Gefahr für das „Europäertum" gesehen wurde, wie Georg Kampfmeyer und Joseph Froberger meinten, stellte eher eine Hypothese als eine Tatsache dar. Denn von Oppenheims Plan zufolge ist der Djihad lediglich gegen die Feinde der islamischen Welt gerichtet. Praktisch bedeutete dies eine Rechtfertigung des Djihads gegen England, Frankreich und Russland. Ein Vertreter der evangelischen Kirche wies darauf hin, dass der „*‚alte Islam‘ zwar eine Gefahr für die ‚Sache des Europäertums‘ bedeutete, doch der eigentliche Verbündete, die Türkei, habe sich sichtbar von diesen Ursprüngen entfernt*" und dass „*der Feind des Christentums (nie) so christentumshungrig gewesen (sei) wie jetzt.*"[58] Man könne es deshalb ruhig tolerieren, wenn der Moslem die Deutschen für ‚Freunde des Islams‘ halte.

An dieser Stelle ist die Operationalisierung des Islam-Djihads, einer der prägenden Begriffe des Islams, der bis heute heftige Debatten auslöst, bemerkbar. Herbert Landolin Müller schrieb dazu:

> „Mit dem Recht des Schwertes habe sich der Islam gegenüber seinen Widersachern durchgesetzt und sei immer bereit, von diesem Recht Gebrauch zu machen. Dies habe auch der osmanische Staat versucht, als er durch den höchsten Vertreter islamischer Rechtsgelehrsamkeit, den Šayh al-Islām, am 14. November den ǧihād habe ausgerufen lassen."[59]

Das Gedankengut des Djihads entsprach den Zielen der deutschen Außenpolitik, sodass Max von Oppenheims Plan zum Berliner Plan wurde. Zum ersten Mal in der deutschen Geschichte assoziierte sich das Kaiserreich mit dem „*Leviathan der Orientalen*", dem religiösen Fanatismus. Von reinem politischem Kalkül ausgehend wollte sich das junge preußisch-deutsche Reich den religiösen Fanatismus zunutze machen. Ganz offenkundig neigten das AA sowie eine Mehrheit der Orientalisten und Islamwissenschaftler, unter ihnen Gottfried Galli, Hubert Grimme, Josef Kohler, Eugen Mittwoch, Richard Schäfer und Rudolf Tschudi, Heinrich Becker, Helmut von Glasenapp, Martin Hartmann, Ernst Jäckh, Herbert Müller und der Diplomat Rudolf Nadolny, dem maßgeb-

---

[56] Vgl. Müller, Herbert Landolin, Islam, ǧihād (Heiliger Krieg) und Deutsches Reich, S. 176.

[57] Beckers Buch „Deutschland und der Islam" erschien 1914 in Berlin. Im gleichen Jahr erschien das Buch von Georg Kampfmeyer, so dass das Thema über das Bündnis mit dem Islam zur „Forschungsmode" geworden war.

[58] Vgl. Schäfer, Richard, Islam und Weltpolitik, Leipzig 1915, S. 29, in: Müller, Herbert Landolin, Islam, ǧihād (Heiliger Krieg) und Deutsches Reich, S. 177.

[59] Vgl. Müller, Herbert Landolin, Islam, ǧihād (Heiliger Krieg) und Deutsches Reich, S. 173.

lich von Max von Oppenheim entworfenen und vertretenen Konzept zu. Der größte Teil von ihnen gehörte zur NfO oder kooperiere eng mit ihr.

Von neutraler Seite meldete sich der holländische Kolonialpolitiker und Orientalist Christiaan Snouck Hurgronje.[60] Einige Monate nach dem Beginn des Ersten Weltkrieges gab er einen Aufsatz über den *„Heiligen Krieg – Made in Germany"*[61] heraus, in dem er die deutsche Islampolitik und die Instrumentalisierung des Islam-Djihads in Frage stellte. Er hielt den Aufruf zum Heiligen Krieg für einen Rückfall ins Mittelalter. Den Djihad betrachtete er als Eigensüchtigkeit der Deutschen. Hurgronjes Publikation rief eine hitzige Kontroverse mit dem deutschen Orientkenner und Islam-Forscher Carl Heinrich Becker hervor, der sich stark für das „Bündnis mit dem Islam" engagierte. Beckers Antwort ließ nicht lange auf sich warten. Er antwortete auf die Kritik von seinem Kollegen und legitimierte die deutsche Strategie.[62] Becker betrachtete schon vier Jahre vor dem Ersten Weltkrieg – zur Zeit des deutsch-französischen Streits um Marokko – den Islam als eines der „seltenen Probleme", „die keinen politischen Zündstoff enthalten."[63] Für Hurgronje war die Lehre vom Heiligen Krieg ein Grund dafür, warum der Islam mit anderen Religionen Verständigungsschwierigkeiten hatte.[64]

Trotz dieses scharfen Disputs, der so wenig an Aktualität verloren hat, entschied sich die Regierung in Berlin für die Instrumentalisierung des Islam-Djihads. Voraussetzung war das Bündnis mit der Hohen-Pforte, die damals das Zentrum der islamischen Welt war. Das sogenannte *Türkenfieber* erreichte seinen Höhepunkt dann mit dem Ausbruch des Ersten Weltkrieges. Offiziell trat das Osmanische Reich auf Seiten der Zentralmächte Ende Oktober 1914 in den Krieg ein, nachdem die Russen – gefolgt von den Briten und den Franzosen – den Türken den Krieg erklärt hatten. Der Schulterschluss mit den Deutschen galt laut Wolfgang Schwanitz als die „wichtigste Einzelentscheidung" in der

---

60 Christiaan Snouck Hurgronje war ein holländischer Islamforscher und seit 1906 Professor an der Universität Leiden. Er war auch Berater der holländischen Regierung für ostindische und arabische Fragen. Siehe dazu: Schwanitz, Wolfgang G, Djihad „Made in Germany", S. 8–9.

61 Der Artikel erschien erstmals in: De Gids, 79, Amsterdam, 79, 1 Januar 1915, in: Müller, Herbert Landolin, Islam, ǧihād (Heiliger Krieg) und Deutsches Reich, S. 173–174

62 Vgl. Becker, Carl Heinrich, Deutschland und der Heilige Krieg, in: Internationale Monatsschrift für Wissenschaft, Kunst und Technik, 9 (01.05.1915), S. 632–662. Nachdruck (II): Die Kriegsdiskussion über den Heiligen Krieg (1915). A: Deutschland und der Heilige Krieg, in: Ders.: Islamstudien. Vom Wesen und Werden der islamischen Welt, Hildesheim 1967, S. 281–304.

63 Briefwechsel Hurgronje-Becker Mai 1911, zitiert nach Schwanitz, Wolfgang G., Djihad „Made in Germany": Der Streit um den Heiligen Krieg 1914–1915, S. 7.

64 Ebenda.

jüngsten Geschichte des Nahen Orients[65], so dass „*nichts das Schicksal der Region mehr beeinflusst habe als das türkisch-deutsche Bündnis im Weltkrieg.*"[66]

Auf türkischer Seite ist diese besondere Annäherung auf prodeutsche Jungtürken um Enver Pascha zurückzuführen.[67] Für die Jungtürken sollte die Ausrufung des Heiligen Krieges die Position ihrer Regierung festigen, sofern sie als direkte Wirkung einen Sammlungseffekt der Bevölkerung hinter der Regierungspolitik darstellte. Salvador Oberhaus spricht sogar von einem „*Propagandacoup, der der Bevölkerung eine Sinnstiftung für die Kriegsteilnahme vermitteln sollte.*"[68] Selbstverständlich wurde dieser Propagandacoup von der deutschen Diplomatie mitgeplant beziehungsweise gefördert, weil die Durchführung eines solchen Vorhabens auch für die strategischen Bedürfnisse und Ziele Deutschlands passend war.

Der deutsche Botschafter in Konstantinopel Hans von Wangenheim (ab 1915 Paul Graf Wolff-Metternich) leitete die Djihad-Pläne Oppenheims an den türkischen Kriegsminister Enver Pascha und an den Tunesier Salih al Sharif al Tunisi weiter, die Hauptkoordinatoren der zukünftigen NfO.[69] Parallel dazu schlugen er und sein Konsul Philipp Vassel dem AA vor, die muslimischen Kriegsgefangenen „*besonders rücksichtsvoll zu behandeln, namentlich bei Verpflegung auf Religionsvorschriften zu achten und ihnen Gelegenheit zur Erfüllung [ihrer] Religionspflicht zu gebe[n]. Eventuell können in Betracht kommende Elemente bei guter Führung nach Hause entlassen werden mit Begründung, dass Mohammedaner unsererseits nicht als Feinde angesehen werden.*"[70]

Der syrische Abgeordnete im Osmanischen Parlament Sakib Arslan griff seinerseits die Idee des deutschen Botschafters bei der Pforte auf. Er befürwortete:

> „eine auszuwählende Anzahl der mohammedanischen Kriegsgefangenen Turkos und Zuaven hierher zu befördern mit der Erklärung, dass Seine Majestät der Kaiser als Freund der Mohammedaner diesen Gefangenen dem Sultan zu Ehren in dem Lande ihres Glaubens die Freiheit schenke". Weiter fügte er hinzu „würde ein derartiger Schritt, falls möglich, der wie ein Lauffeuer sich durch die gesamte mohammedanische Welt verbreiten würde, noch größere Wirkung haben, als alle unsere bisher angewendeten Agitationsmittel."[71]

---

65 Ebenda., S. 10.

66 Vgl. Efraim, Karsh/Inari Karsh, Empires of the Sand. The Struggle for Mastery in the Middle East 1789–1923, London, 1999, S. 1–6, in: Schwanitz, Wolfgang G., Djihad „Made in Germany", S. 10–11.

67 Ebenda.

68 Vgl. Oberhaus, Salvador, S. 127.

69 Vgl. Kröger, Martin, Revolution als Programm. Ziele und Realität deutscher Orientpolitik im Ersten Weltkrieg, S. 371.

70 Telegramm vom 30. August 1914 von Hans von Wangenheim an das AA. Vgl. PArchAAB, R 21167, Bl. 27 und 40, in: Höpp, Gerhard, Muslime in der Mark. Als Kriegsgefangene und Internierte in Wünsdorf und Zossen, S. 35.

71 Ebenda.

Am 1. September 1914 stimmte Wilhelm II. diesem Vorschlag zu. Der Dragoman Karl Emil Schabinger Freiherr von Schowingen wurde beauftragt, 14 Kriegsgefangene aus Paderborns Sennelager auszusuchen und ihnen mitzuteilen, dass der Kaiser sie freilässt. Mitte November 1914 begleitete der Diplomat im Orientexpress gemeinsam mit dem Journalisten Edgar Stern-Rubarth (1883–1972) und dem Dolmetscher Muhammed Bel Arbi die 14 Gefangenen – fünf Marokkaner, sieben Tunesier und zwei Algerier in französischen Uniformen nach Konstantinopel.[72] Nach der Djihad-Erklärung von Sultan Muhammad V. Reschad am 11. November 1914 versammelten sich Leute vor der kaiserlichen deutschen Botschaft, auf deren Balkon Hans von Wangenheim und Karl Emil Schabinger mit den Turkos standen. Letzterer schrieb hierzu:

> „Ich stelle die Nordafrikaner vor mir auf und soufflierte ihnen ‚Hoch lebe der Sultan', der Kalif [...]. Das war der Anfang des Heiligen Krieges."[73]

Der deutsche Botschafter Hans von Wangenheim berichtete:

> „Ich empfing die Deputierten des Zuges auf dem Balkon, von wo aus zunächst der bekannte Komiteeführer Dr. Nazim, sodann Dr. Weber in meinem Namen zur Menge sprachen. Ungeheurer Enthusiasmus. Nicht enden wollende Hochrufe auf seine Majestät den Kaiser und Deutschland. Schließlich sprach noch einer der französischen Kriegsgefangenen in Uniform, was erneut Jubel hervorrief. [...] Das Volk ist zweifellos fanatisiert und aus seinem Phlegma herausgetreten. Ich besorge Ausschreitungen. Schon heute wurde das Café des hiesigen Armeniers Toklatian gestürmt und teilweise zerstört. [...] Auch die russische Botschaft und ein englisches Magazin wurden mit Steinen beworfen. Polizei war machtlos. Ich tue alles, um weiteres Unheil zu verhüten, für welches wir verantwortlich gemacht werden würden."[74]

Am 14. November 1914, beim Freitag-Gebet, wurde der Djihad dann in den Moscheen von der religiösen Instanz erklärt. Von Konstantinopel aus reiste Schabinger mit dem tunesischen Theologen Salih al Sharif al Tunisi nach Berlin.

Es geht aus der Lektüre der deutschen Literatur[75] hervor, dass Salih al Sharif al Tunisi hinter der türkischen Djihad-Erklärung vom 11. November 1914 stand. Der algerisch-tunesische Religionsgelehrte war ein enger Vertrauter von Enver Pascha, dem wichtigsten Verbündeten Deutschlands auf Seiten des Os-

[72] Vgl. Von Schowingen, Karl Emil Schabinger, Weltgeschichtliche Mosaiksplitter. Erlebnisse und Erinnerungen eines kaiserlichen Dragomans, hrsg. von Karl Friedrich Schabinger Freiherr von Schowingen, Baden-Baden 1967, S. 219, in: Schwanitz, Wolfgang G, Djihad „Made in Germany", S. 11.

[73] Zitiert nach Schwanitz, Wolfgang G., Djihad „Made in Germany", S. 12.

[74] Vgl. PA-AA, R 13194, Bericht Wangenheims an das Auswärtige Amt vom 15. 11. 1914, in: Oberhaus, Salvador, S. 125.

[75] Vgl. hierzu als zuverlässige QuelleSchabinger von Schowingen, K. E., Weltgeschichtliche Mosaiksplitter. Erlebnisse und Erinnerungen eines kaiserlichen Dragomans, Baden-Baden 1967, S. 106–108. In der Forschung hat zuletzt Wolfgang G. Schwanitz (Djihad „Made in Germany"...), auf die Proklamationsveranstaltung Bezug genommen.

manischen Reiches. Bereits vor dem Ersten Weltkrieg war er vom türkischen Kriegsminister Enver Pascha beauftragt worden, den Djihad auf Basis des Islams politisch zu legitimieren.

Salih al Sharif al Tunisi wurde 1866 in Tunis geboren. Nach Abschluss seines religiösen Studiums an der Zitouna-Universität in Tunis wirkte er dort als Dozent. Unter dem Druck der Franzosen reiste er 1906 zunächst nach Damaskus und später nach Konstantinopel, wo er Enver Pascha kennenlernte. Von dort aus begleitete er diesen 1911 nach Libyen, wo beide den Djihad gegen die Italiener führten. Die Djihad-Erfahrung gegen die Italiener ermöglichte die Aufnahme des tunesischen Theologen in Envers Geheimorganisation Teskilat-i Mahsusa. Nachdem die Italiener 1912/13 Libyen besetzt hatten, ging Salih al Sharif_al Tunisi nach Konstantinopel, wo er in enger Verbindung zu Enver Pascha blieb, *„bis ich zu der Mission berufen wurde, die mich nach Berlin führte. Als die Reise hierher feststand, verfasste ich diese Abhandlung und brachte sie mit mir hierher, um sie unter dem deutschen Volke zu verbreiten.*“[76]

Mit dem Beginn des Ersten Weltkrieges übte Salih al Sharif al Tunisi eine entscheidende Rolle sowie einen großen Einfluss auf die Djihad-Vorbereitung, beziehungsweise -Gestattung aus. Ende Oktober 1914 brachte er ein Traktat nach Berlin mit, in welchem er den Deutschen seine Auffassung zur Propaganda für den Djihad gegen die Entente darstellte. Dabei handelte es sich um *„Die Wahrheit über den Glaubenskrieg*“ (Haqiqat al-Djihad), auf die sich der Sultan Kalif bei der Djihad-Ausrufung stützte. In dieser Schrift thematisiert Salih al Sharif al Tunisi die Legimitation des Djihads als eine Befreiungsbewegung, die eine Individualpflicht für jeden Muslim darstelle, gegen die Feinde des Islams:

> „[...]die uns wegen unserer Religion bekämpfen und uns aus unseren Wohnungen vertreiben, indem sie sich unserer Heimat bemächtigen oder solches beabsichtigen, wie z. B. die Russen, Engländer und Franzosen und die, die zu ihnen halten. Diejenigen dagegen, die uns wegen unserer Religion nicht bekämpfen und uns aus unseren Häusern nicht vertreiben, indem sie sich zu Herren unserer Heimat aufwerfen – seien es treue und aufrichtige Schutzgenossen oder solche, mit denen wir in einem Bundesvertragsverhältnis stehen, das von ihnen beachtet wird, wie z. B. das Deutsche Volk und die ihm Gleichgearteten – diese sind nicht unsere Feinde.“[77]

Der Djihad, erklärte Salih al Sharif al Tunisi weiter, müsse nach innen gegen die Fremdherren und nach außen gegen die Angreifer durchgeführt werden. Das Anliegen dieser Schrift lässt sich bereits aus deren Einleitung erklären:

---

[76] Salih al Sharif al Tunis, „Die Wahrheit über den Glaubenskrieg“ (Haqiqat al-Djihad). Übersetzt aus dem Arabischen von Karl E. Schabinger, mit einem Geleitwort von Martin Hartmann, hrsg. von der Deutschen Gesellschaft für Islamkunde. Berlin, 1915. Der Text der Fetwas ist dieser Arbeit als Anhang beigegeben.

[77] Ebenda., S. 5–6.

„Meine Absicht […] ist, das zu widerlegen, was vielleicht die Gemüter derjenigen beunruhigen könnte, die das wahre Wesen jenes Kampfes nicht unterscheiden können von den Verdächtigungen der irreführenden Feinde."[78]

Um das Vertrauen der Deutschen zu gewinnen, bot Salih al Sharif al Tunisi in seiner Schrift der deutschen Leserschaft eine detaillierte Darstellung über das Wesen des Djihads an, der nicht unbedingt gegen alle „Nichtmuslime" gerichtet sei: *„Diejenigen dagegen, die uns wegen unserer Religion nicht bekämpfen […] – seien es treue und aufrichtige Schutzgenossen oder solche, mit denen wir in einem Bundesvertragsverhältnis stehen, das von ihnen beachtet wird, wie z. B. das Deutsche Volk und die ihm Gleichgearteten – diese sind nicht unsere Feinde."*[79] Der Djihad sei nach ihm nur im Rahmen der Befreiung der islamischen Welt von der europäischen Besatzung zu verstehen: *„Der Nutzen des Kampfes auf dem Pfad Gottes ist die Abwehr der vom Feinde ausgehenden Wirrnis und die Erhöhung des Wortes der Wahrheit, d.h. des Wortes Gottes und seiner Religion."*[80] Schwanitz zufolge ist dieses Traktat eine Djihad-Fatwa und eine Begründung des deutsch-türkischen Bündnisses.[81] Im Februar 1915 veröffentlichte die deutsche Gesellschaft für Islamkunde dieses Traktat in Berlin als Broschüre.[82] So unterstützten beide Länder den Heiligen Krieg gegen die gemeinsamen feindlichen Mächte und zwar in deren afro-asiatischen Kolonien.

Der Appell von Salih al Sharif al Tunisi für den Djihad gegen die Entente fand bei vielen diplomatischen und einflussreichen Persönlichkeiten ein tiefes Echo. Gottfried Galli, Hubert Grimme, Josef Kohler, Eugen Mittwoch, Richard Schäfer und Rudolf Tschudi sahen darin eine positive Reaktion auf Oppenheims Plan.

Die Auftragsarbeit von Salih al Sharif al Tunisi betrachtete Martin Hartmann (Professor für Orientalistik) als antikolonialistisch und als eine Verteidigung gegen die Besatzer.[83] Fünf Monate nach dem Ausbruch des Ersten Weltkrieges wurde die Interessenehe zwischen dem Kaiserreich und dem Islam, vertreten durch die Hohe-Pforte, in Gang gesetzt. Der im September 1914 ins Leben gerufenen NfO gelang es, am Ende des Jahres mit Hilfe orientalischer Persönlichkeiten vornehmlich an der Westfront muslimische Soldaten zum Desertieren zu veranlassen. Im Dezember 1914 begab sich der für die NfO engagierte Salih al Sharif an die Westfront bei Lille, wandte sich dort mit Reden und Flugschriften an die Muslime und traf sich außerdem mit dem bayrischen Kornprinzen

78 Ebenda, S. 5.
79 Ebenda.
80 Ebenda, S. 7.
81 Vgl. Schwanitz, Wolfgang G., Djihad „Made in Germany", S. 12–13.
82 Al Tunisi, Salih al Sharif, „Die Wahrheit über den Glaubenskrieg".
83 Martin Hartmann gilt als Mitgründer der Deutschen Gesellschaft für Islamkunde und ihres Organs „Die Welt des Islams".

Rupprecht (1869–1955).[84] Gerhard Höpp zufolge waren die meisten Nord- und Westafrikaner, die für die Mittelmächte in Europa kämpften und im französischen Heer rekrutiert waren, Muslime: *„Für Frankreich fochten demnach etwa 175 000 Muslime aus Algerien, 50 000 aus Tunesien, 10 000 bis 40 000 aus Marokko.“*[85]

Salih al Sharif al Tunisi

SCHAICH SALIH
ASCHSCHARIF
ATTUNISI
ḤAQÎQAT ALDSCHIHÂD
DIE WAHRHEIT ÜBER DEN
GLAUBENSKRIEG
AUS DEM ARABISCHEN ÜBERSETZT
VON
KARL E. SCHABINGER
MIT EINEM GELEITWORT
VON
MARTIN HARTMANN
UND EINEM BILD DES SCHAICHS
HERAUSGEGEBEN
VON DER DEUTSCHEN GESELLSCHAFT FÜR ISLAMKUNDE
BERLIN 1915
VERLAG DIETRICH REIMER (ERNST VOHSEN)
DER ERLÖS IST FÜR DEN ROTEN HALBMOND BESTIMMT

Höpps Untersuchung über die Tätigkeit der arabischen und muslimischen Exilpolitiker in Deutschland während des Ersten Weltkrieges zeigte außerdem, dass Ali Pascha, Sohn des algerischen Emirs Abdelkader, die Propaganda zusammen mit deutschen Soldaten an der Westfront betrieb:

> „Ali Pascha (1857–1918) (...) schilderte in seinen Memoiren neben einem Besuch an der Ostfront, wie er im Januar 1915 an der Westfront mit einem deutschen Flugzeug aufgestiegen war und über französischen Stellungen Flugblätter für muslimische Soldaten abgeworfen hatte.“[86]

Festzuhalten bleibt an dieser Stelle, dass der Begriff Djihad dem koranischen Diskurs zugrundeliegt. Er gehört zu den Grundsätzen und Geboten des Islams. Ohne den Heiligen Krieg hätte es keine islamische Gemeinschaft, kein Imperium und kein Osmanisches Reich geben können. Zahlreiche Koranverse rufen zum Heiligen Krieg der gläubigen Muslime gegen die Ungläubigen auf. Ihn nur als ein modernes Phänomen zu betrachten, wie einige Islamexperten[87] behaupten, wäre meines Erachtens unzureichend und entspräche eher einem Wunschdenken als der geschichtlichen Wirklichkeit.

---

[84] Vgl. Höpp, Gerhard, Muslime in der Mark. Als Kriegsgefangene und Internierte in Wünsdorf und Zossen 1914–1924, S. 23.

[85] Ebenda.

[86] Ebenda.

[87] Vgl. Kepel, Gilles, Das Schwarzbuch des Dschihad, Piper Verlag, München, 2002.

Die deutsche Orientpolitik vor und während des Ersten Weltkrieges beruht auf dem Islam-Djihad. Politiker und akademische Kreise entwickelten eine Strategie, durch die das Auftreten des Kaiserreiches auf der weltweiten politischen Bühne intensiviert werden sollte. Die Beschäftigung mit der deutschen Orientpolitik zeigt, dass Deutschland zur Entstehung der sogenannten „modernen Islampolitik" im 20. Jahrhundert wirksam beigetragen hat.

Mit der Niederlage des Wilhelminischen Reiches im Ersten Weltkrieg ist die deutsche Politik einer globalen Instrumentalisierung des Islams, vertreten durch Max von Oppenheim, nicht verschwunden. Max von Oppenheim setzte seine Arbeit unter den Nationalsozialisten fort und schmiedete einen zweiten Plan, der bis heute unter Verschluss steht.[88] Unter den Nationalsozialisten entstand ein Bund zwischen dem Hitler-Faschismus und dem islamischen Djihad beziehungsweise ein Pakt zwischen Hakenkreuz und Halbmond. Die sogenannten „Muselgermanen" waren muslimische Soldaten in deutscher SS-Uniform. An die Stelle der tunesischen Religionsgelehrten und des Muftis Salih al Sharif al Tunisi trat der Großmufti von Jerusalem Muhammed Amin al Husaini.

Die Instrumentalisierung des Islam-Djihads wird im Kalten Krieg systematisch und erfolgreich gegen die Sowjetunion und den Kommunismus eingesetzt. Der amerikanische Geheimdienst machte sich den politischen Islam zunutze und lernte aus den Fehlern des deutschen Ostministeriums und dessen Taktik. Ausgehend von München konnten die Amerikaner direkt nach dem Zweiten Weltkrieg nicht nur einen Pakt mit den Wahabiten in Saudi-Arabien schließen, sondern entwickelten sich zum unmittelbaren Drahtzieher hinter der Gründung der Muslimbruderschaft im Westen. Ian Johnson ist dieser heiklen geopolitischen Thematik nachgegangen und weist darauf hin, dass München als Vorbild für das spätere Afghanistan diente:

> „Mit Drehers Weggang und Mendes Tod waren die beiden westlichen Konkurrenten von der Bühne abgetreten. Das Augenmerk der US lag nun anderswo – vor allem in Vietnam. Erst 15 Jahre später sollte das Interesse am Islam als einer Waffe im Kalten Krieg wiedererwachen, nämlich mit dem Einmarsch der Sowjetunion in Afghanistan. Das Pentagon beauftragte die RAND Corporation (‚Research and Development' – Forschung und Entwicklung) mit der Erstellung eines Geheimberichts über das Ostministerium und Mendes Methode, Muslime einzusetzen. Dessen Verfasser, ein unternehmungslustiger Forschungsstipendiat Namens Alex Alexiev, wies auf die Folgen hin, mit denen die Vereinigten Staaten zu rechnen hätten, wenn sie Muslime im Kampf gegen die Sowjets bewaffneten. ‚Diese Studie sollte für militärische Planer von Interesse sein, die im Begriff sind, das Problem mit der Sowjetunion auf strategische Weise anzugehen', heißt es in dem Bericht. Alexiev erzählt die Geschichte vom Ostministerium

88 Vgl. Schwanitz, Wolfgang G., Max von Oppenheim und der Heilige Krieg. Zwei Denkschriften zur Revolutionierung islamischer Gebiete 1914 und 1940. Laut Wolfgang Schwanitz ist der zweite Plan bislang unveröffentlicht. Beim ersten Plan hat es 87 Jahre gedauert, bis er im vollen Wortlaut publiziert wurde.

und wie sich die Deutschen die zersplitterten sowjetischen Ethnien effektiv zunutze gemacht hatten. Da in der sowjetischen Armee, die gerade in Afghanistan einmarschiert war, auch viele Soldaten dieser ethnischen Gruppen dienten, bot sich den Vereinigten Staaten eine Chance, die deutsche Taktik zu wiederholen, ohne aber die gleichen Fehler zu machen. [...] Alexievs Untersuchung war Teil einer größeren Diskussion, die im Kampf gegen die Sowjets zur Bewaffnung der Dschihadisten führte. Die Deutschen hatten Pionierarbeit geleistet: Sie hatten den Großmufti von Jerusalem hofiert, Imam-Schulen eingerichtet und religiöse Führer ernannt, alles mit dem Ziel, muslimische Truppen für ihre Sache zu mobilisieren. Außerdem hatte die US-amerikanische Regierung ihrerseits einen klaren Präzedenzfall für ihre Unterstützung der heiligen Krieger Afghanistans aufzuweisen: ihre Unterstützung der Muslimbrüder, der Verbündeten des Muftis. Sich hinter Said Ramadan zu stellen bedeutete, mit der urislamistischen Gruppe zu paktieren, von der sich die Mudschahiddin, die Dschihadisten in Afghanistan, inspirieren ließen. Ohne Einsicht in die CIA-Akten ist zwar kein Kausalzusammenhang zwischen München und Afghanistan herzustellen, doch ist es wahrscheinlich, dass die frühere Zusammenarbeit mit der Muslimbruderschaft es dem US-Geheimdienst erleichterte, die afghanischen Dschihadisten zu bewaffnen. Zwei Jahrzehnte später, nach dem 11. September 2001, schauten die meisten bei der Suche nach dem Ursprung der Attentate auf Afghanistan. Das war zwar nicht falsch, aber nur wenige erkannten, dass es für Afghanistan ein Vorbild gab: München."[89]

Die Wiederbelebung der deutschen Pionierarbeit bezüglich der Instrumentalisierung des Islams bzw. des Djihads durch die USA erweist sich als die geopolitische Wirklichkeit des 20. Jahrhunderts. Man kann daher nach dem Zweiten Weltkrieg von einem systematischen „Djihad made in USA" reden. Demzufolge ist die von den deutschen Akademikern und Politikern entwickelte Begrifflichkeit von „Djihad made in Germany" keine verschwörungstheoretische Anekdote, sondern eine Tatsache der Geopolitik.

Nach Johnson haben Geostrategen und Wissenschaftler wie Zbigniew Brzezinski in den letzten Jahrzehnten die Instrumentalisierung des fundamentalistischen Islams weiterentwickelt. Brzezinski ist demnach die amerikanische Variante der deutschen Geopolitiker Max von Oppenheim und Gerhard von Mende. Ian Johnson schreibt zur Logik des deutschen Geostrategen von Mende:

> „Diese Muslime wollen für uns kämpfen und wir brauchen dafür nichts weiter zu tun, als ihnen ein paar Versprechungen zu machen. Dass die Nationalsozialisten diese Versprechungen nie einhalten wollten, spielt ja keine Rolle; solange die Soldaten sich noch ein bisschen mehr anstrengten, um die Sowjets in Schach zu halten, freute sich die Reichsleitung über Mendes Kongresse und seine phantasievollen Pläne."[90]

Bemerkenswert ist, dass die Engländer ihrerseits der gleichen Logik in Bezug auf ihre Instrumentalisierung der arabischen Revolte 1916 gegen die Osmanen folgten. Indem sie den Arabern ganz einfach falsche Versprechungen machten, schafften sie es, diese als Verbündete für sich zu gewinnen. In diesem Sinne ist

89 Vgl. Johnson, Ian, Die vierte Moschee: Nazis, CIA und der islamische Fundamentalismus, Klett-Cotta Verlag, Stuttgart, 2011, S. 213-214.

90 Ebenda, S. 52.

es den Kolonialmächten aufgrund falscher Versprechungen über die Befreiung von kolonialen Zwängen gelungen, sowohl Panarabisten als auch Panislamisten für ihre Zwecke zu instrumentalisieren. Die kolonisierten muslimischen Völker dienten mit anderen Worten nur als Mittel zum Zweck.

In diesem Zusammenhang erwiesen sich Panislamisten, Jungtürken und Jungtunesier für die deutsche Orientpolitik als nützliche Naivlinge. Der Gründer des Orientklubs Sakib Arslan kollaborierte sowohl mit dem Wilhelminischen als auch mit dem Dritten Reich. Dazu schreibt Herbert Landolin Müller:

> „Der Mann, der in der arabischen Welt und vor allem im Maghreb hohes Ansehen genoss, ja zum Mentor der Generationen wurde, die ihre Länder von den Fesseln des Imperialismus befreien wollten, dieser Mann wurde in Berlin, sowohl in dem der Republik als auch dem der Diktatur, als eine Art besserer Zuträger, als eine Quelle nützlicher Informationen betrachtet. Die Behandlung, die man ihm dabei angedeihen ließ, schien dazu angetan zu sein, ihn über diese im Grunde beleidigende Zurücksatzung hinwegsehen zu lassen. Es sei hier vorweggenommen, dass seine loyale Haltung gegenüber dem Reich letztlich auch ihn, samt seinem Freund Oppenheim, in die Machenschaften Nazi-Deutschlands verstrickte. Hitler hat zwar in seinem Buch sich höchst verächtlich über irgendwelche asiatische Gaukler ausgelassen, was aber kein Hindernis war, um Arslan zum technischen Berater für Propaganda in der arabischen Welt zu küren; Goebbels soll sogar für seine Beförderung des NS-Staates gesorgt haben. So wurde der Araber Arslan am Ende seiner Karriere von den Nazis hofiert und vereinnahmt, wie später Historiker nicht ohne Süffisanz bemerkten.“[91]

Die Kollaboration Arslans mit den Nazis stellt eine Folge und eine Fortsetzung seiner engen Zusammenarbeit mit dem Wilhelminischen Reich und dem Geostrategen Max von Oppenheim dar.

4.3. Die Nachrichtenstelle für den Orient

4.3.1. Das Tätigkeitsfeld der NfO

Nachdem seine Denkschrift „*Die Revolutionierung der islamischen Gebiete unserer Feinde*“ die Zustimmung des Kaisers Wilhelm II. erhalten und die Sympathie des türkischen Kriegsministers Enver Pascha gewonnen hatte, errichtete Max von Oppenheim am 1. November 1914 die NfO.[92] Strukturell unterstand die NfO der politischen Abteilung des Auswärtigen Amtes und unterhielt, so Gerhard Höpp, enge Beziehungen zur Sektion des stellvertretenden Generalstabs

[91] Vgl. Müller, Herbert Landolin, Islam, ǧihād (Heiliger Krieg) und Deutsches Reich, S. 255–256.

[92] Ende Oktober 1914 gab Max von Oppenheim dem Staatssekretär im Auswärtigen Amt Arthur Zimmermann seine Schrift, der sie zum Großen Hauptquartier und zum Kaiser weiterleitete.

der Armee (später Sektion Politik Berlin des Generalstabs).[93] Die Aufgaben der NfO beschreibt ihr Gründungsmitglied Herbert Müller, der zwischenzeitlich Abteilungsleiter für die Angelegenheiten Ostasiens war, in einem Bericht vom August 1918 wie folgt:

> „[...] Propagandatätigkeit im Orient, im neutralen Ausland und in Deutschland [...] Kontaktpflege zu Orientalen im Reich und den neutralen Staaten sowie Aufbau eines Zeitungs- und Personenarchivs, die Pressesichtung und Herausgabe einer Presseschau für den amtlichen Gebrauch, Übersetzungsarbeit, Zensur von Schriften, Filmen und Briefen und die Gefangenbetreuung."[94]

Die Gründung der NfO als Übersetzungs- und Agitationsbüro wurde von Scheich Salih al Sharif al Tunisi und vielen anderen Orientalen unterstützt. Ihr erster Leiter war ihr Initiator Max von Oppenheim. Ihm folgten die Orientalisten Karl Schabinger von Schowingen (seit März 1915) und Eugen Mittwoch (seit Februar 1916). Ihren ersten Sitz hatte die NfO im Reichskolonialamt im Zentrum Berlins und ihre 15 Hauptmitarbeiter wurden vom AA bezahlt. Dem Kollegialprinzip entsprechend organisierte von Oppenheim die Arbeit in der NfO. Es ist in diesem Zusammenhang nicht auszuschließen, dass der wiederholte Wechsel der Vorgesetzten der NfO ihre Rentabilität beeinflusste, wenn nicht sogar ihre Arbeit erschwerte.

Es geht aus der Lektüre der deutschen Literatur wie den Schriften von Gerhard Höpp, Martin Kröger, Wolfgang G. Schwanitz und Herbert Landolin Müller hervor, dass die NfO die Funktion eines pressepolitischen und propagandistischen Lenkungsinstruments einnahm. Ihre Hauptaufgabe war in erster Linie die Sammlung von Nachrichten im Sinne eines Informationsdienstes, um sie anschließend auszuwerten und propagandistisch aufzubereiten. Schwanitz bezeichnete sie als akademischen Propagandadienst des AA für den Krieg.[95]

Um in permanentem Kontakt mit der arabischen und islamischen Opposition gegen die Entente zu bleiben, errichtete die NfO im August 1915 eine Auslandsvertretung in Bern. Im Frühling desselben Jahres baute Max von Oppenheim in der kaiserlichen Botschaft in Konstantinopel ein Nachrichtenbüro für die Hohe-Pforte auf, das von ihm selbst geleitet wurde. Zur Verwirklichung der geplanten Ziele der Propaganda und der Insurrektion der von der Entente okkupierten islamischen Länder arbeitete die NfO eng mit der Armeeführung zusammen. Die Sektion Politik unter Führung von Rudolf Nadolny (seit 1916

---

93 Vgl. Höpp, Gerhard, Muslime in der Mark. Als Kriegsgefangene und Internierte in Wünsdorf und Zossen 1914–1924, S. 22.

94 Vgl. Müller an Wesendonck, 09.08.1918, mit anliegendem 14-seitigen Bericht „Die Nachrichtenstelle für den Orient 1914–1918", PA-AA, R 1535: Deutschland 126g adh. 1, Tätigkeit der Nachrichtenstelle für den Orient, Bd. 26, in: Kröger, Martin, Revolution als Programm. Ziele und Realität deutscher Orientpolitik im Ersten Weltkrieg, S. 374.

95 Vgl. Schwanitz, Wolfgang G., Djihad „Made in Germany", S. 18.

Major Hülsen) koordiniert mit ihrem Ansprechpartner Otto von Wesendonck im AA die Betreuung der NfO.[96]

Die Aufgabe der Nachrichtenstelle für den Orient ist in von Oppenheims Schrift festgelegt: *„Sie sollte den Kampf an den Hauptfronten durch den Djihad ab den verwundbarsten Stellen, im kolonialen Hinterland der Feinde unterstützen."*[97] Von der Hauptarbeit der NfO sagt Schabinger von Schowingen in einem Bericht vom April 1916:

> „Vor allem durch Flugblätter, die mit Hilfe von Ballons und Flugzeugen über der West- und Ostfront abgeworfen, in speziellen Geschossen zu den feindlichen Stellungen gefeuert oder dort auf andere Weise verbreitet wurden, sollte versucht werden, die Disziplin und die Fahnentreue jener Kolonialtruppen zu erschüttern und vorwiegend muslimische Soldaten und Offiziere zum Übertritt auf die Seite der Mittelmächte zu bewegen."[98]

Die Propagandastrategie wurde zusammen mit Enver Pascha und Ali Basch Hamba[99], dem zweiten Mann im türkischen Kriegsministerium, koordiniert. Ein besonderer Wert wurde auch auf die Propaganda in den Kriegsgefangenenlagern gelegt, in welche die muslimischen Gefangenen in Deutschland interniert wurden wie bspw. Dem Zossener Lager bei Potsdam.. Auch dort war die NfO für die Propaganda zuständig.

Was die Mittel der NfO anbelangt, so stand ihr das nötige Budget aus dem AA zur Verfügung. In seiner Amtszeit als Vorsitzender der NfO vom 21.05. bis 31.12.1915 sprach Karl Schabinger von Schowingen von Ausgaben in Höhe von 133.385,44 Mark. In den Jahren 1916 und 1917 widmete das AA der NfO eine Summe von 300.000 Mark. Das Geld wurde vor allem für die Propaganda in Form von Aufrufen, Flugblättern, Broschüren und Büchern in zahlreichen orientalischen Sprachen und für die Mobilisierung der islamfeindlichen Kriegsgegner gebraucht.[100]

Die Haupttätigkeit der NfO kann zusammenfassend als Propaganda bezeichnet werden. Karl Schabinger von Schowingen äußerte sich selbstbewusst: *„Es ist sehr erfreulich, dass die Propagandatätigkeit unserer Stelle nicht wirkungslos geblieben ist, eine Tätigkeit, die der kriegerischen vor dem Feinde in einem gewissen Sinne durchaus verglichen werden darf."*[101] Die Propaganda wurde in Form von Schrif-

---

[96] Vgl. Kröger, Martin, Revolution als Programm. Ziele und Realität deutscher Orientpolitik im Ersten Weltkrieg, S. 371.

[97] Zitiert nach Schwanitz, Wolfgang G., Djihad „Made in Germany", ebd., S. 19.

[98] Zitiert nach Höpp, Gerhard, Muslime in der Mark. Als Kriegsgefangene und Internierte in Wünsdorf und Zossen 1914–1924, S. 22.

[99] Hier ist die Rede vom Begründer der tunesischen Bewegung „Jungtunesier".

[100] Vgl. Kröger, Martin, Revolution als Programm. Ziele und Realität deutscher Orientpolitik im Ersten Weltkrieg, in: Der Erste Weltkrieg. Wirkung. Wahrnehmung. Analyse, S. 374.

[101] Vgl. PA-AA, R 1501, Mitteilung Schabingers an die Mitarbeiter der NfO vom 19.04.1915, in: Oberhaus, Salvador, S. 163.

ten, Zeitungen und in den Kriegsgefangenenlagern durch mehrsprachige Gefangenenzeitungen durchgeführt. Es handelte sich dabei um eine „meinungslenkende Maschine“ den deutsch-türkischen Propagandazielen entsprechend. Ebenfalls sind die mehrsprachigen Veröffentlichungen der NfO in neutralen Ländern wie der Schweiz und Holland als Propagandamittel zu sehen. Im Kaiserreich an sich wurde das „Korrespondenzblatt der Nachrichtenstelle für den Orient (KNO)“ zum wichtigsten Instrument der NfO und beeinflusste die öffentliche Meinung: Es stellte die Quelle für mehr als 260 Zeitungen dar, darunter 15 türkische, zehn schweizerische, fünf niederländische und einige skandinavische Blätter.[102] Herbert Müller berichtete hierzu:

> „Seit dem 10. Oktober 1914, an dem die erste Veröffentlichung der NO die Presse verließ, sind bis Ende Juli 1918 in 9 europäischen und 15 orientalischen Sprachen im ganzen 1012 verschiedene Publikationen erfolgt und in zusammen mehr als 3 Millionen Exemplaren verbreitet worden.“[103]

4.3.2. Propagandatätigkeit der NfO in Deutschland

Herbert Müller, Mitarbeiter der NfO, definierte, wie die Propagandaarbeit der NfO konkret aussehen soll:

> „1. Propaganda im Orient, im neutralen Ausland und im Deutschen Reich.
> 2. Unterhaltung persönlicher Beziehungen zu Orientalen im neutralen Ausland und im Deutschen Reich sowie Leitung und Kontrolle der von ihnen betriebenen politischen Aktivitäten. Empfang und Betreuung orientalischer Gäste.
> 3. Betreiben eines Zeitungs- und Personalarchivs. Informationsbeschaffung und Beratung amtlicher Stellen hinsichtlich orientalischer Angelegenheiten. Aktenbearbeitung für das Auswärtige Amt.
> 4. Beobachtung der internationalen Presse in Bezug auf die Berichterstattung über den Orient und Sammlung entsprechender Artikel.
> 5. Periodische Herausgabe von Artikeleditionen für den Amtsgebrauch.
> 6. Übersetzungstätigkeit für politische und militärische Stellen.
> 7. Zensurbefugnis für den Orient betreffende Druckschriften.
> 8. Briefzensur.
> 9. Kontrolle der Korrespondenz der mohammedanischen, indischen und georgischen Kriegsgefangenen.
> 10. Gefangenenfürsorge und Betreuung auf kultureller Ebene.
> 11. Herausgabe verschiedener Gefangenenzeitungen.“[104]

Schwerpunkte der Propaganda durch die NfO waren Deutschland sowie die Kriegsfronten und die Türkei. Sie konzentrierte sich im Sinne von Herbert

---

102 Vgl. Kröger, Martin, Revolution als Programm. Ziele und Realität deutscher Orientpolitik im Ersten Weltkrieg, S. 375.
103 Vgl. Bericht Müller, PA-AA, R 1532, Bd. 23, S. 8, in: Ebenda.
104 Vgl. PA-AA, R 1535, Müller, H., Nachrichtenstelle, S. 5/6, in: Oberhaus, Salvador, S. 165.

Müller auf den Aufbau eines Zeitungs- und Personenarchivs, die Pressesicherung und Herausgabe einer Presseschau für den amtlichen Gebrauch, Übersetzungsarbeit, Zensur von Schriften, Filmen und Briefen und die Gefangenenbetreuung.[105] Unter den Schriften befindet sich eine, in der sich zehn *ulamā* (Gelehrte) aus Nordafrika und dem Mittleren Osten, so Gerhard Höpp, an muslimische Soldaten der Entente richteten:

> „Ihnen, die in der Hand der Feinde…, der Franzosen, Engländer und Russen waren, machten sie deutlich, dass euer Kriegsführen in Gemeinschaft mit den erwähnten Feinden Gottes reiner Unglaube ist, der den ewigen Zorn und Groll Gottes nach sich zieht. Gleichzeitig forderten sie auf, die in das ‚Kriegsland' gekommen waren, zu den Herren Deutschlands und Österreich (zu) desertieren und sich ihnen an(zu)schließen, denn das Kämpfen zusammen mit Deutschland ist ein Stück Gehorsam gegen Gottes Befehl."[106]

Für muslimische Deserteure der West- und Ostfront wurden extra Lager erbaut. Schon wenige Wochen nach Kriegsbeginn tauchte in den Kreisen der NfO die Idee auf, auch die in deutsche Gefangenschaft geratenen muslimischen Soldaten in gesonderten Lagern zusammenzubringen, um sie dort für den Djihad mit dem Osmanischen Heer vorzubereiten. Laut Herbert Landolin Müller ist diese Idee auf die Kreise um Enver Pascha zurückzuführen. Sie ging auf die Initiative des syrischen Abgeordneten im Osmanischen Parlament Sakib Arslan zurück, der mit Enver Paschas TM enge Kontakte unterhielt.[107] In den Lagern kamen der NfO drei wichtige Aufgaben zu:

> „- Die Kontrolle der Korrespondenz der muhammedanischen, georgischen und indischen Gefangenen.
> - Die geistige Fürsorge für die Gefangenen orientalischer Nationen durch Versorgung mit Lesestoff, Veranstaltung von Vorträgen mit und ohne Lichtbilder und durch Mitwirkung und Beratung bei allem, was auf die Befriedigung der religiösen Bedürfnisse und auf die Berücksichtigung der rituellen Vorschriften hinzielt.
> - Die Herausgabe einer Zeitung für die muhammedanischen, georgischen und indischen Gefangenen, die in sechs verschiedenen Sprachen erscheint."[108]

Laut Nadolny, *„muss insbesondere durch Predigung des Heiligen Krieges, sowie durch entsprechende Behandlung dafür gesorgt werden, dass die muslimischen Gefangenen zu Anhängern unserer Sache werden."*[109] Im Einzelnen schlug Nadolny dem Generalstab vor, die Gefangenen nach ihrem Religionsbekenntnis unterzubringen, Erleichterungen für die Gefangenen bei der Verpflegung, Bekleidung, Kor-

---

105 Vgl. Kröger, Martin, Revolution als Programm. Ziele und Realität deutscher Orientpolitik im Ersten Weltkrieg, S. 374.

106 Vgl. Kriegsurkunden 10. Ein arabisches Flugblatt, in: Die Welt des Islams, 3, 1915, S. 121 ff.

107 Vgl. Oberhaus, Salvador, S. 150.

108 Vgl. GStArchiB, I. Hauptabteilung, Rep., 76 Vc, Sekt. 1, Tit. XI, Teil 1, Nr. 58, B1. 23f, in: Höpp, Gerhard, Muslime in der Mark, S. 25.

109 Vgl. PArchAAB, R 21244, B1. 37, in: Höpp, Gerhard, Muslime in der Mark, S. 39.

respondenz und Religionsausübung zu gewähren und den Muslimen eine Moschee[110] zu errichten, wo Propagandisten ihren Einfluss auf die Gefangenen ausüben konnten. Am 18. Januar 1914 erhielt Nadolny vom Chef des Generalstabs des Feldheeres die Genehmigung für die Durchführung seines Vorschlags. Einige Monate später begannen das Zossener Lager bei Potsdam und das Halbmondlager in Wünsdorf offiziell, lediglich muslimische Gefangene aufzunehmen.

Über das Leben in beiden Lagern legten sowohl Salih al Sharif al Tunisi am 15. Februar 1915 einen Entwurf mit dem Titel *„Ordnung des Betriebes in den Dingen der Gäste, die gezwungenermaßen gegen uns in den Reihen unserer Feinde gekämpft haben“*[111] als auch Max von Oppenheim am 27. Februar eine Denkschrift zur *„Organisation der Behandlung der muhammedanischen und indischen Kriegsgefangenen“* vor.[112] Die Idee, Lager für muslimische Gefangene in Deutschland zu errichten, ist nur im Rahmen des militärpolitischen und propagandistischen Kontextes zu verstehen. So ist nach Gerhard Höpp die deutsche Propagandaarbeit für den Heiligen Krieg und den Unabhängigkeitskampf der islamischen Welt gegen die Besatzungsmächte (Frankreich, England und Russland) eine Folge der Freundschaftskundgebung Wilhelms II. vom 8. November 1898 in Damaskus, auf welcher er den „300 Millionen Mohammedanern“ seine Freundschaft erweisen wollte.[113] Dieser sozusagen deutschen „politischen Sympathie“ folgte eine Wirtschaftspropaganda. Denn die deutsche Ostpolitik bemühte sich seit Ende des 19. Jahrhunderts um die politische und ökonomische Hegemonie im Osmanischen Reich und dem Nahen Osten. Hierfür spielte die Denkschrift *„Die Revolutionierung der islamischen Gebiete unserer Feinde“* von Max von Oppenheim eine bedeutende Rolle für das AA und für Kaiser Wilhelm II., um durch eine improvisierte Ostpolitik vor und während des Ersten Weltkrieges die eigenen Ziele zu erreichen.[114]

Gestützt auf die Berichte der Lagerkommandanten bietet uns Gerhard Höpp wichtige Auskünfte über die propagandistische Tätigkeit in den Lagern. Die Gefangenen waren in beheizbaren Zelt- und Holzbaracken untergebracht. Die größte Struktureinheit in den Lagern war das Bataillon, das höchstens 1.000 Mann umfasste. Die Zuordnung zu einem Bataillon erfolgte, wie von Oppenheim empfohlen hatte, nach Nationalitäten – Marokkaner, Tunesier, Algerier und andere Afrikaner. So umfasste das Halbmondlager zum Beispiel fünf Ba-

---

[110] Zum Moscheebau als geo-strategisches Kampfmittel siehe auch Johnson, Ian, Die vierte Moschee: Nazis, CIA und der islamische Fundamentalismus, Klett-Cotta Verlag, Stuttgart, 2011.

[111] Völkerrecht im Weltkrieg. Dritte Reihe im Werk des Untersuchungsschusses (der Verfassungsgebenden Deutschen Nationalversammlung und des Deutschen Reichstages 1919–1928), S. 179 ff. und 871 ff., in: Höpp, Gerhard, Muslime in der Mark, S. 45.

[112] Vgl. PArchAAB, R 21245, B1, 21–29, in: Höpp, Gerhard, Muslime in der Mark, S. 45.

[113] Ebenda, S. 44.

[114] Ebenda.

taillone: Dem ersten waren die sogenannten Djihadisten (die Freiwilligen des Heiligen Krieges), dem zweiten Tunesier, dem dritten die Schwerverwundeten und Zivilgefangenen, dem vierten die neuen Gefangenen und dem fünften die Inder zugewiesen.[115] Die Bataillone wurden von deutschen Offizieren geführt. Die Propaganda wurde vor allem in den Lagern von Wünsdorf und Zossen betrieben. Diese betraf vor allem die Muslime, auf die tunesische und algerische, also arabische Scheichs, durch religiöse Propaganda Einfluss ausübten.

4.3.2.1. Die religiöse und politische Propaganda in den Lagern

Mit der Errichtung der Lager begann die NfO, ihr Propagandaprogramm in die Praxis umzusetzen. Allein die Errichtung von Sonderlagern für muslimische Gefangene hatte bereits einen propagandistischen Effekt. Max von Oppenheim, Leiter der NfO, beauftragte Salih al Sharif al Tunisi, der als Vertrauensmann von Enver Pascha galt, ab Februar 1915 die religiöse Propaganda in den Lagern Zossen, Wünsdorf und Senne zu übernehmen. Seine Aufgabe bestand darin, die muslimischen Gefangenen zusammen mit der Hohen-Pforte und mit Deutschland vom Djihad zu überzeugen und der Teilnahme an diesem vorzubereiten. Bei seinen regelmäßigen Besuchen in den Gefangenenlagern hielt Salih al Sharif al Tunisi vor den Gefangenen religiöse Reden, die sich auf konkrete Themen bezogen wie beispielsweise die „*Darstellung der früheren Größe der islamischen Herrschaft*, die *Geschichte der einzelnen islamischen Völkerschaften und Indiens*, *Frühere Wechselbeziehung zwischen Orient und Okzident*, die *politische, wirtschaftliche und wissenschaftliche Stärke Deutschlands*, *gegenwärtige Beziehungen Deutschlands zu den islamischen Gebieten*, *Möglichkeiten für wirtschaftliche Beziehungen*, die *Eröffnung gegenseitiger Absatzgebiete* und *Entwicklungsmöglichkeiten der Heimat der Gefangenen*."[116]

Da Salih al Sharif al Tunisi häufig zwischen Berlin und Istanbul pendeln und im Auftrag der TM im Vorderen Orient stets anwesend sein musste, wurde er im Herbst 1915 durch Muhammed al Khidr Husein, einen weiteren tunesischen Religionsgelehrten, ersetzt. Diesem folgte 1916 Muhammed al-Basir Zarruk as-Susi[117], ebenfalls ein Tunesier. Unterstützt wurden sie durch andere Propagandisten, die mit dem algerischen Neffen von Emir Abdelkader Ali Pascha nach Berlin gekommen waren, darunter tunesische Scheichs, namentlich Muhammed Sadiq (bis Mai 1916) und Salih Gamilu (bis August 1916).[118]

---

[115] Ebenda, S. 46.

[116] Vgl. R 21245, Bl. 45, 56, 65, in: Höpp, Gerhard, Muslime in der Mark, S. 71–72.

[117] Er war Lehrer an der Militärschule in Istanbul. 1916 war er Imam der Moschee im Halbmondlager in Wünsdorf.

[118] Vgl. Höpp, Gerhard, Muslime in der Mark, S. 71.

Der erste Schritt innerhalb der Konkretisierung der religiösen Propaganda stellte der Bau einer Moschee dar. Die Idee ging auf von Oppenheim und Salih al Sharif al Tunisi zurück, von Wangenheim erwähnte sie in einem Telegramm vom 30. August 1914 an das AA. Gegen Jahresende stimmte das Große Hauptquartier dem Projekt zu. Während seiner Audienz mit Kaiser Wilhelm II. am 9. Februar 1915 sprach Salih al Sharif davon, dass die Moschee als Gebetsort auch für die Mobilisierung und die Vorbereitung der Djihadisten auf den Heiligen Krieg zu nutzen ist.

Da die Mehrzahl der im Halbmondlager internierten muslimischen Gefangenen Nordafrikaner waren, wurde die Moschee architektonisch im Stil eines Malikiten-Baus errichtet.[119] Anlässlich der am 13. Juli 1915 im Halbmondlager stattgefundenen Einweihungsfeier, zu der wichtige türkische und deutsche politische Persönlichkeiten eingeladen waren, hielt Muhammed al Khidr Husein eine Predigt mit Hochrufen auf den Kaiser und seinen Sieg.[120] Diese Predigt wurde wenig später mit Bildern aus dem Halbmondlager in *al-Djihad* abgedruckt und an den Fronten des Weltkrieges auf Flugblättern verbreitet. Die Einweihungsfeier wurde in der in- und ausländischen illustrierten Presse mit bildlicher Darstellung bekanntgemacht.

Des Weiteren sollte in der Moschee das Freitagsgebet den von Salih al Sharif al Tunisi und von Oppenheim[121] geplanten Richtlinien dienen. Von Oppenheim empfahl sogar die Durchführung von geistlichen Exerzitien (Dhikr) und das Vorsingen religiöser Hymnen (Burda). Die Moschee wurde zu einem Mittel der religiösen Propaganda. „*Die Religion*", so schrieb der Algerier Rabah Bukabaya[122], „*bereitet die Politik vor*".[123] Der Religion kam bei der Rekrutierung der Djihadisten eine funktionalisierende Rolle zu. Die Errichtung der Moschee im Halbmondlager hatte eine signifikante Bedeutung. In einer Moschee wird nicht

119 So wurde auch denjenigen Muslimen, die in Wünsdorf und Zossen starben, der Friedhof von Zehrensdorf gewidmet. Die Begräbnisstätte befand sich auf dem halben Wege zwischen Wünsdorf und Töpchin. Zu diesem Punkt siehe Höpp, Gerhard, Muslime in der Mark, Als Kriegsgefangene und Internierte in Wünsdorf und Zossen 1914–1924, S. 131–137.

120 Ebenda, S. 119

121 Zu Oppenheims Richtlinien und Grundsätzen zählen wir vor allem: „a) religiöse Beeinflussung, b) Belehrung und Unterweisung durch Abhalten von Besprechungen und Vorträgen, Erteilung von Unterricht, gruppenweise Ausflüge in der Lagerumgebung, Besichtigung der Reichshauptstadt usw., c) gute Behandlung, Beköstigung und Bekleidung…". Vgl. R 21252, Bl. 131, in: Höpp, Gerhard, Muslime in der Mark, S. 70.

122 Rabah Bukabaya (1875–?): Der Algerier war in der NfO als El Hadj Abdallah bekannt. Er war Offizier in der französischen Armee. 1915 lief er zu den Deutschen unter dem Namen E1 Hadj Abdallah über. Er war Mitarbeiter der „Nachrichtenstelle für den Orient" in Berlin. Seine Einreise 1924 in Ägypten scheiterte, da er dort „blacklisted" war. 1940 meldete er sich in Berlin als arbeitslos. Vgl. Höpp, Gerhard, Texte aus der Fremde. Arabische politische Publizistik in Deutschland, 1896–1945, Arbeitshefte 18, das Arabische Buch, Berlin, 2000, S. 29.

123 Vgl. R 21252, Bl. 146, in: Höpp, Gerhard, Muslime in der Mark, S. 120.

nur gebetet, sondern sie ist auch ein Ort für die alltägliche Belehrung, Indoktrinierung und politische Meinungslenkung. Religionsgelehrte[124] hatten dabei durch ihre Predigten die Aufgabe der Mobilisierung übernommen. Die seit Oktober 1915 als „Propagandalager" bezeichneten Gefangenenlager zielten auf den Einsatz der Muslime gegen die Entente sowie den Gewinn ihrer Sympathie und ihres Interesses für Deutschland ab, sodass sie auch nach Kriegsende „Anhänger Deutschlands" bleiben sollten: Dies wurde von Rudolf Nadolny klar ausgedrückt:

> „Als spezielles Ziel ist die militärische Verwendung der Lagerinsassen im Orient. Es sollten aber dafür", so fügte er hinzu, „die Sympathien und das Interesse der Leute für Deutschland so weit geweckt werden, dass sie nach Kriegsende als Anhänger für Deutschland in ihre Heimat zurückkehren."[125]

Die religiöse Beeinflussung in den Lagern wurde zwar durch muslimische Scheichs organisiert und durchgeführt, aber die Zentralstelle für Auslandsdienst spielte hierbei eine nicht zu unterschätzende Rolle. Sie sorgte für die Anfertigung von photographischen und kinematographischen Aufnahmen in Wünsdorf und Zossen. Des Weiteren kam der Zentralstelle für Auslandsdienst die Aufgabe zu, mehrsprachige Zeitschriften, eine Kriegschronik und Bücher herauszugeben. Um deren Vertrieb in den Außenstellen der NfO, etwa in Konstantinopel, Tiflis und Misurata, kümmerte sich ihre Vertriebstelle in Zürich.

Kurz nach der Übernahme der Vorstandsleitung im April 1916 intensivierte Karl Emil Schabinger von Schowingen die Propagandatätigkeit der NfO in den Lagern. Seine Bemühungen konzentrierten sich vor allem auf die Verstärkung des Propagandanetzes. Das in der NfO neu rekrutierte und durch Schabinger von Schowingen unterstützte Mitglied Rabah Bukabaya konzipierte neben der schon entwickelten religiösen Propaganda nun die politische und wurde zum Chefpropagandisten im Halbmondlager ernannt.[126] Im Grunde ging es darum, die Gefangenen in den Lagern mit Themen wie Geschichte, Geographie und Volkswirtschaft vertraut zu machen. Die politische Beeinflussung der Gefangenen durch agitatorischen Unterricht sollte den von der NfO und TM gesetzten Zielen dienen. So wurde Unterricht über die kriegerische Vergangenheit des nordafrikanischen Islams erteilt. Dafür wurden Tafeln, Wandkarten von Europa, dem Mittelmeerraum und Nordafrika zur Verfügung gestellt. Eine Art Umschulungspolitik der Gefangenen des Halbmondlagers bei Wünsdorf und des Weinberglagers bei Zossen verbunden mit politischen und militärischen Be-

---

124 Im Halbmondlager wurde das Freitagsgebet von drei tunesischen Religionsgelehrten zuerst von Muhammed Sadiq, dann von Muhammed al-Khidr Husein und schließlich von Muhammed al-Basir Zarruk as-Susi geleitet. Höpp, Gerhard, Muslime in der Mark, S. 122.

125 Vgl. R 21252, Bl. 131, in: Höpp, Gerhard, Muslime in der Mark, S. 70.

126 Vgl. Höpp, Gerhard, Muslime in der Mark, Als Kriegsgefangene und Internierte in Wünsdorf und Zossen 1914–1924, S. 72.

trachtungen sowie die Illustration der Bedeutung des Kaiserreichs für die Muslime setzte ein.

Als unmittelbare Reaktion auf die deutschen Maßnahmen hinsichtlich der Errichtung solcher Lager richteten nun auch die Franzosen für muslimische Gefangene Gebetsräume ein und genehmigten Frontbesuche durch muslimische Scheichs. Zudem schufen sie Voraussetzungen für das Ramadan-Fasten im Felde sowie die Möglichkeit für eine rituelle Bestattung der Gefallenen.[127]

Es wird offensichtlich, dass die politische Propaganda von Anfang an mit der religiösen einherging. Ergänzt wurde diese durch Besuche und Reden türkischer und arabischer Politiker, die die Gefangenen zu beeinflussen suchten und über die deutsch-türkische Waffenbrüderschaft berichteten. Schlüsselwort jeder Rede war der Panislamismus. Zu den politischen Propagandisten zählen vor allem der türkische Finanzminister Gawid (1875–1926), der Bildungsminister Nazim (1870–1926), der Außenminister Halil sowie der Großwesir Mehmed Talat Pascha (1874–1921).[128]

Mit dem Auftritt des tunesischen Propagandisten und Mitglieds der sogenannten „grauen Eminenz" der TM Ali Basch Hamba im Sommer 1916 beschleunigte sich die deutsch-türkische Propaganda. Basch Hamba schlug dem deutschen Botschafter Paul Wolff-Metternich (1853–1934) vor, sich beim Rekrutieren neuer Agenten zu beteiligen. Denn die bisherigen Propagandisten konnten die türkischen Erwartungen nicht mehr erfüllen, so dass eine Überarbeitung des Propagandakonzepts, das dem vom Ausbruch der arabischen Revolte geprägten neuen Kontext angepasst werden musste, nun vordringlich auf der Tagesordnung stand.

Über die innere Stimmung in den Lagern beim Schlachtenfest vom 8. Oktober 1916, bei dem hohe Gäste wie der Osmanische Außenminister anwesend waren, berichtet der Journalist Lemi Nihad für die Istanbuler Zeitung Taswir-i Afkar:

> „Frühmorgens machten wir uns auf den Weg. Das Lager war von der Station, auf der wir ausstiegen, ziemlich weit entfernt; wir bestiegen dort von der Regierung gestellte Wagen und hatten noch ungefähr 20 Minuten zu fahren. Schon von weitem erblickten wir die zerstreut liegenden Baraken... Zwischen den hier und dort verstreut liegenden Barackenhäuschen hindurchgehend, kamen wir auf einen weiten Platz. Dort waren sie, unsere mohammedanischen Brüder. Dort auf den, über diesen weiten, uns an die Steppen erinnernden Platz ausgebreiteten Gebetsteppichen standen sie. Der zerstreute Blick ihrer erstaunten Augen wurde allmählich fester und sicherer; von ihren frohen, ausdrucksvollen Zügen, (...) vom Sonnenbrande rissigen Lippen, leuchteten uns die letzten Spuren jenes melancholischen Rufes: ‚Allahu ekber' ‚Gott ist groß' entgegen. Diese armen Getäuschten fühlten allmählich die Wahrheit heraus und lächelten, noch

[127] Ebenda, S. 89.
[128] Ebenda, S. 73

schwankend zwischen Zweifel und Sicherheit, ein glückliches Lächeln, denn es entsprang der Reue und der Hoffnung auf Freiheit."[129]

Der NfO – um einen Bogen zum untersuchten Gegenstand der Arbeit zu schlagen – könnte auch Al Hammi angehört haben. In den Berichten des französischen Geheimdienstes vom 4. Januar 1925 wurde erwähnt, dass er und viele andere Nordafrikaner mit dem türkischen Offizier Mahmud Bek nach Istanbul gereist sind. Dort war Al Hammi im Kreis von Enver Pascha aktiv. Er wurde laut französischem Bericht mit Rabah Bukabaya beauftragt, die Propaganda in den Lagern zu betreiben. Ihm sei sogar gelungen, einige Gefangene zu indoktrinieren, und sie für die Osmanische Armee zu rekrutieren.[130] Dem Bericht des französischen Generalresidenten zufolge heißt es:

„Er war einer der ersten Tunesier, die sich der deutsch-türkischen Partnerschaft widmeten. Schon zu Kriegsbeginn als Student an der Grande Medersa (...) zögerte er nicht, seine feindliche Haltung gegen Frankreich auszudrücken (...) Als 1915 Mahmoud Bey, Kommandant der türkischen Artillerie, in Nordafrika landete mit dem Ziel, Flugblätter zu verteilen und die Tunesier dazu zu bringen, sich zu revoltieren, stand Muhammed Ali in seinem Dienst. Er begleitete ihn nach Algerien und Marokko und reiste mit ihm 1918 auf einem italienischen Schiff nach Konstantinopel. Seitdem stand Muhammed Ali in offener Weise im Dienst der Türken und dann auch der Deutschen. Der in Konstantinopel im Gefolge von Enver Pascha lebende Muhammed Ali war beauftragt, die Propaganda unter den muslimischen Gefangenen zu betreiben. Nach dem Waffenstillstand ging Muhammed Ali nach Berlin. Dort stellte er sich als Verwandter von Basch Hamba vor und arbeitete im „Zentrum für Panislamismus", das immer noch existierte. Er kollaborierte mit einer in Genf erschienenen Zeitschrift. Er bot dem Emir Faysal seine Dienste an, als dieser sich in Genf aufhielt. Seine Persönlichkeit und seine Rolle gehen über jenen eines Destourien oder eines lokalen Kommunisten hinaus. Wir sind zweifelsohne konfrontiert mit einem Agenten der kommunistischen Internationale, dessen Vergangenheit und deutsch-türkischen Bindungen darauf hinweisen, dass er insbesondere gegen Frankreich handelte. Muhammed Ali steht sicherlich an der Spitze der Agitatoren."[131]

---

129 Vgl. Die Islamische Welt, 1 (1916) 1, S. 60f.

130 Vgl. Tabbabi, Hfaiedh, Muhammed Ali Al-Hammi (1890–1928), S. 18.

131 Vgl. den Brief des Generalresidentes vom 4. Januar 1925 an den Minister für auswärtige Angelegenheiten, Archiv des Quai D'Orsays, Vol C. 68 bis et 69, cote P. 17-1 à 5, in: Kraiem, Mustapha, Nationalisme et syndicalisme en Tunisie 1918–1929, S. 578.
Der Originaltext lautet: „Il a été l'un des premiers Tunisiens gagnés à la cause turco-allemand : encore étudiant à la Grande Medersa au début de la guerre il se signalait pas ses propos hostiles à la France et lorsqu'en 1915, Mahmoud Bey, commandant d'artillerie turque vint en Afrique du Nord pour distribuer des tracts invitant nos protégés à se révolter, Muhammed Ali se mit à son service. Avec Mahmoud Bey, on le trouve en Algérie, au Maroc, d'où sur un bateau italien, il gagne en 1918 Constantinople. Dès ce moment, Muhammed Ali est ouvertement au service de la Turquie, puis semble-t-il de l'Allemagne. A Constantinople vivant dans l'entourage d'Enver Pascha, il fut chargé de la propagande auprès des prisonniers musulmans. (...). Au moment de l'armistice, Muhammed Ali se rendit à Berlin. Là il se fit passer pour un parent de Bach-Hamba et fut employé au centre du Comité panislamique qui fonctionnait encore. Il collabora à un journal arabe qui paraissait à Genève et offrit ses services à L'Emir Fayçal, tandis que ce-

Laut der deutschen Literatur kümmerte sich Bukabaya, mit dem Al Hammi zusammengearbeitet haben sollte, seit 1916 hauptsächlich um die politische Propaganda im Halbmondlager. Offen bleibt, ob Al Hammi mit Bukabaya und der Gruppe der türkischen Propagandisten die politische Propaganda während des Ersten Weltkrieges in Berlin oder in der Türkei betrieben hat. Anhand der geschichtlichen Quellen lässt sich nicht genau nachvollziehen, ob die propagandistische Zusammenarbeit mit Bukabaya in Deutschland oder in der Türkei stattfand. Pendelte Al Hammi mit der Gruppe um Enver Pascha während des Krieges oder blieb seine Aktivität auf die Türkei beschränkt? Demzufolge lässt sich kein abschließendes Urteil über seine Anwesenheit innerhalb der Gruppe um Bukabaya in Berlin fällen.

Zusammenfassend lässt sich festhalten, dass deutsch-türkische Propagandisten unterschiedlicher Art – sowohl Politiker als auch Scheichs – in der Vorbereitung der Kriegsgefangenen im Geiste des Heiligen Krieges eine besondere Rolle gespielt haben. Die Zielsetzung war schon bei einer Besprechung zwischen von Wangenheim und dem türkischen Kriegsminister Enver Pascha im Oktober 1915 über die „Weitere Behandlung und Verwendung der in deutscher Kriegsgefangenschaft befindlichen Mohammedaner“ festgelegt:

> „Leute, die völlig ohne Beeinflussung oder Zwang von dritter Seite nach der Türkei kommen wollen, dorthin geschickt werden könnten. (...) Sie sollen in geschlossenen größeren Truppen, möglichst bewaffnet und ausgerüstet werden.“[132]

Der Abtransport der ersten formierten Bataillone in die Türkei erfolgte allerdings erst im Frühjahr 1916[133]: Der erste Trupp der Djihadisten brach am 8. Februar 1916 in die Türkei auf. Er bestand aus 211 arabischen Insassen des Halbmondlagers. Am 3. März folgte der zweite, dem 756 Araber, 100 Tataren und 44 Inder angehörten. Am 5. Mai 1916 wurde der dritte Trupp in die Türkei entsandt. Er umfasste mehr als 1.000 Mann. Die Kosten des Transports, die Bekleidung und die Ausrüstung übernahm das deutsche Kriegsministerium. Materielle Zeugnisse der deutschen Propaganda im Halbmond- und im Weinberglager blieb jedoch laut Höpp kaum erhalten, außer den Lagerzeitungen, die in einigen Archiven zu finden sind und die von Muslimen bis zum Ende der 20er Jahre genutzt wurden.[134]

---

lui-ci séjournait à Genève. Sa personnalité et son rôle dépassent ceux d'un destourien ou communiste local ; avec lui, il semble hors de doute que nous nous trouvons en présence d'un agent de l'Internationale communiste que son passé et ses attaches turco-germaniques désignaient pour travailler tout particulièrement contre la France... A la tête des agitateurs il faut certainement mettre Muhammed Ali“.

132 Vgl. Höpp, Gerhard, Arabische und islamische Periodika in Berlin und Brandenburg 1915 bis 1945, S. 8-9.

133 Vgl. Höpp, Gerhard, Muslime in der Mark, S. 80.

134 Ebenda, S. 81.

In diesem Zusammenhang kooperierte die tunesische Nationalbewegung mit ihren verschiedenen Komponenten direkt oder indirekt mit dem Wilhelminischen Reich. Sowohl konservative Religionsgelehrte der Zitouna Universität als auch der national-liberale oder der linke Flügel haben dem Wilhelminischen Reich entweder ihre Sympathie ausgedrückt oder ganz konkret mit ihm zusammengearbeitet. Diese Zusammenarbeit der tunesischen Nationalbewegung mit dem Wilhelminischen Reich wird von der modernen Geschichtsschreibung Tunesiens nach der Unabhängigkeit 1956 jedoch übergangen, hier liest man nur vom Freiheitskampf im Kontext der Nationalbefreiung von der französischen Kolonisation.

Weiterhin zeigt sich in diesem Zusammenhang das Paradox des Widerstandes gegen und der gleichzeitigen Kooperation mit dem Westen in der tunesischen Befreiungsbewegung. Die Tätigkeit der Jungtunesier kann auf der einen Seite als eine legitime und positiv zu bewertende Bekämpfung der französischen Kolonialmacht betrachtet werden. Das würde bedeuten, dass die „Kollaboration“ mit den Deutschen als positiver Akt der Emanzipation angesehen wird. Im Widerspruch dazu stellt sich die Zusammenarbeit mit den Deutschen, aus einem anderen Blickwinkel betrachtet, als ein eher kurzfristiges Vorhaben dar.

In diesem Fall erweist sich die tunesische Nationalbewegung als eine Schachfigur im großen geopolitischen Spiel der Großmächte. Die Unabhängigkeit Tunesiens erscheint vielmehr als ein Akt, der nicht von innen ausgelöst wurde, sondern über den Kampf der Kolonialmächte von oben bestimmt wurde. Was manche als eine legitime Zusammenarbeit sehen, wird von anderen als „Kollaboration“ mit einem wachsenden deutschen Faschismus betrachtet. Metaphorisch gesprochen, beabsichtigten die tunesischen Exilanten in Berlin die französische „Cholera“ mit der deutschen „Pest“ zu bekämpfen. Sollte diese Strategie jedoch die einzige und richtige politische Alternative gewesen sein? Der Widerstand der Jungtunesier kann, also aus einem anderen Blickwinkel betrachtet, als eine „Kollaboration“ mit dem Faschismus und der absolutistischen Wilhelminischen Außenpolitik interpretiert werden. Die moderne tunesische Geschichtsschreibung sollte sich daher davor hüten, aus der Ästhetisierung der Politik einen Grundsatz zu machen. Konkrete Beispiele von Personen- bzw. Götzenkult fehlen nicht in der gegenwärtigen Geschichtsschreibung. Die Tunesier haben dies als Alltagsbrot mit Bourguiba und Ben Ali erlebt. Bourguiba, der im Bewusstsein der Tunesier das Vorbild des frankophonen, säkularen und liberalen Geistes verkörpert, war in der Zeit der Nationalbewegung wie die konservativen Religionsgelehrten und die Jungtunesier von der Aura des Wilhelminischen Reiches ergriffen. Laut Landolin Müller war der Vater von Bourguiba

Parteigänger der Osmanen und Mitglied der TM.[135] Bourguiba selbst feierte den soldatischen Geist des Kaiserreiches auf eine Art und Weise, die als verblüffend bezeichnet werden kann:

> „Nous n'aimions pas les Italiens. Mais les Allemands, au contraire, nous paraissaient formidables, fabuleux.... Le chancelier Bethmann-Hollweg, ca sonnait bien, le mot revenait dans les conversations... Et Von Kluck, et Hindenbourg, surtout. Oh ! Celui-là, son nom roulait comme le canon: Hin-Den-Bourg! Boum-Boum-Boum! Il nous impressionnait fort. Et les moustaches du Kaiser nous paraissaient irrésistibles! Les rumeurs, les bobards circulait: ‚Les Français reculent, ils s'effondrent'."[136]

Nicht nur Schulbücher, sondern auch akademische und historische Forschungen lassen sich als Beleg dafür anführen, dass Geschichte als Disziplin eng mit den Fragen von Macht und somit auch von Ideologie und Propaganda verbunden ist. Eine Deutung der Geschichte Tunesiens, vor allem bezüglich der Nationalbewegung und des Unabhängigkeitskampfes, ins rein Positive, wie sie in Tunesien selbst stattfand und stattfindet, stellt jedoch eine historische Unwahrheit dar. In der Ära Ben Alis wagten es einige tunesische Akademiker und Historiker sogar, Ben Ali als Philosophen und Denker, der mit Sokrates konkurrieren könnte, darzustellen. Ein solches Beispiel würde man in Tunesien nach 2011 als absurd abtun. Solche Machenschaften vergegenwärtigen jedem kritischen Leser den berühmten Satz Napoleons: *„Vom Erhabenen zum Lächerlichen sei nur ein Schritt“*. Meines Erachtens ist es an der Zeit, die Herrschaft dieser Form der Geschichtsschreibung zu brechen. Dabei sollen nicht pauschal sämtliche Forschungsergebnisse tunesischer akademischer Instanzen in Frage gestellt werden. Es geht vielmehr darum, durch seriöse Kritik und Korrektur viele der seit Langem etablierten Vorurteile abzubauen. Hinter dem Schein der Versöhnung, die in Geschichtsbüchern und Lehrmaterial reflektiert wird, erblühen Heldenbildung und Personenkult, die als vollendetes und vollkommenes „Kunstwerk“ der Öffentlichkeit präsentiert werden. Die Skandale, die nach 2011 bezüglich der „Helden der Nation“ aufgedeckt wurden, belegen, dass ein Teil der Geschichte eines Staates als eine Art Mythos dem Machterhalt der herrschenden politischen Klasse diente.

Aufgrund dieser Tatsachen sollte eine Symbiose heterogener Lektüren anerkannt werden. Abweichende Ansätze, die Dissens und Widerspruch hervorrufen, sind in diesem Zusammenhang berechtigt, um die Vorherrschaft eines verfälschten und obskuren Konsenses in Frage stellen zu können. Im vorliegenden Kontext betrifft dies nicht nur die Biographie von Al Hammi, sondern auch die vieler anderer Jungtunesier, die als Väter der Nation gefeiert werden. Die Ver-

---

[135] Vgl. Müller, Herbert Landolin, Islam, ǧihād (Heiliger Krieg) und Deutsches Reich, S. 351.

[136] Vgl. Lacouture, J, Cinq Hommes et la France, Paris 1961, S. 110, in: Müller, Herbert Landolin, Islam, ǧihād (Heiliger Krieg) und Deutsches Reich, ebenda.

söhnung eines Volkes mit seiner Vergangenheit bedarf eines unabdingbaren Prozesses der Entzauberung und Entmythisierung der eigenen Geschichte.

4.3.2.2. Pressepropaganda

Eine einflussreiche zugleich aber wenig in der deutschen Literatur erwähnte Presse ist die arabische Auslands- bzw. Emigrantenpresse in Deutschland. In der tunesischen und französischen Literatur war nur die Rede von französischsprachigen Titeln wie die in Genf erschienene „La Revue du Maghreb“ des Tunesiers Muhammed Basch Hamba (1881–1920), „La Tribue d'Orient“ des Ägypters Ali al-Gayari (1885–1956) und „La Nation Arabe“ von den Syrern Sakib Arslan (1869–1946) und Ihsan al-Gabiri (1882–1980).[137] Von den in Deutschland erschienenen arabischen Zeitschriften war kaum die Rede. Laut Höpp, der sich diesem Thema widmete, haben nur knappe und vereinzelte Veröffentlichungen über die arabische Emigrantenpresse in Deutschland berichtet. Die Gründe lassen sich auf einen Ursachenbündel zurückführen wie etwa die Sprachschranke und den historischen Kontext nach dem Zweiten Weltkrieg, der dazu führte, dass die meisten arabischen Titel vernichtet wurden und Deutschland als Aufnahmeland für die arabische nationale und islamische Freiheitsbewegung sowie für den Panislamismus im Ersten und Zweiten Weltkrieg von den Alliierten besiegt wurde.[138] Wenig bekannt ist im arabischen Raum die Beschäftigung mit der Geschichte der arabischen und islamischen Befreiungsbewegung in der ersten Hälfte des 20. Jahrhunderts, die in Deutschland ihre Kampfnetze bzw. -mittel entwickelte und in Deutschland Gehör fand. Durch seine neue geschichtliche Rekonstruktion anhand von bislang unbekannten arabischen Titeln bietet Höpp eine kritische Lektüre der deutsch-islamischen Verhältnisse an.

Diese neuen Gegebenheiten stellen eine wertvolle Quelle für das bessere Verständnis der Entstehungsgeschichte der tunesischen Befreiungs- bzw. Gewerkschaftsbewegung und der deutsch-tunesischen Beziehungen im Kontext der französischen Kolonisation dar, die meines Wissens noch nahezu unerforscht geblieben sind. Vor allem werden Fragen aufgeworfen wie: Warum setzte sich Deutschland stark für die muslimische und tunesische Befreiungsbewegung ein? In welcher Perspektive wird dadurch die Gründung der tunesischen Gewerkschaftsbewegung durch Al Hammi verständlich? Inwieweit trug Deutschland zur Entwicklung des Panislamismus und des politischen Islams im 20. Jahrhundert bei? Welcher soziale Wandel ist durch die tunesische Gewerkschaft initiiert worden und welches waren die Kräfte, die sich schrittweise zu einer na-

---

[137] Vgl. Höpp, Gerhard, Arabische und islamische Periodika in Berlin und Brandenburg 1915 bis 1945, S. 6

[138] Ebenda, S. 6-7.

tionalen Emanzipationsbewegung formierten? Im weiteren Verlauf der Arbeit wird versucht, diese Fragen zu beantworten.

Die erste arabischsprachige Zeitschrift in Deutschland ist ein Produkt des Ersten Weltkrieges. Es geht um die am 5. März 1915 in Arabisch, Tatarisch und Russisch erschienene „al-Gihad", die für die politische und ideologische Beeinflussung der muslimischen Gefangenen gedacht war. Die arabische Ausgabe von „al-Gihad" erschien bis Mitte Oktober 1918, das heißt bis zum Ausbruch der deutschen Oktober- und Novemberrevolution. Sie diente dazu, die Gefangenen zu Djihadisten umzuerziehen und sie in die Armee der Mittelmächte einzugliedern,[139] wodurch sie in den Rahmen der deutsch-türkischen Propaganda einzuordnen ist. Die Zeitschrift entstand in der NfO und wurde von den Propagandisten der TM von Enver Pascha umgesetzt. Die wöchentlich erscheinende „al-Gihad" enthielt Nachrichten über die Kriegslage und Artikel aus Konstantinopel mit reichhaltiger Einbeziehung von Zitaten aus dem Koran und Hadith.[140] Es handelte sich dabei meistens um die Predigten und Reden von Scheichs wie Muhammed ibn Said al Tunisi und Muhammed al Khidr Husein. Die Redaktionsverantwortung der Zeitschrift übernahm die NfO. Sie unterlag dem Leiter der politischen Sektion, Hauptmann Rudolf Nadolny.

Als Verantwortlichen der arabischen Ausgabe schlugen von Oppenheim und Schabinger von Schobingen Salih al Sharif al Tunisi vor. Zugleich bildete sich ein Team um Herbert Müller, Helmuth von Glasenapp, Graf Randzau und Professor Spatz. Ihm beigeordnet waren verschiedene orientalistische Mitarbeiter der „Nachrichtenstelle", darunter die Tunesier Muhammed al Khidr Husein und Muhammed ibn Said al Tunisi, der Algerier Rabah Bukabuya und die Ägypter Mansur Rifat und Abdelaziz Schawisch.[141] Die erste Auflage von „al-Gihad" erschien in 15.000 Exemplaren; im Oktober wurde sie auf 8.200 reduziert.[142] Sie waren für die Gefangenen und zur Verteilung an der Front bestimmt.

Neben „al-Gihad" gründeten der Ägypter Abdelaziz Schawisch und Abdelmalik Hamza am 19. November 1916 in Berlin „Die islamische Welt. Illustrierte Monatsschrift für Politik, Wirtschaft und Kultur".[143] Die Gründung dieser Zeitschrift außerhalb der Lager zielte zunächst darauf ab, den deutschen Lesern *„mit der Kultur, den Sitten, Bestrebungen, Hoffnungen und Idealen der Islamwelt"* vertraut zu machen und *„die Beziehungen zwischen Deutschland und dem Islam zu fördern."*[144] Die Zeitschrift wirft auch die Frage der Konsolidierung der ara-

---

139 Ebenda, S. 8.

140 Vgl. Höpp, Gerhard, Muslime in der Mark, S. 102.

141 Es werden hier nur die Mitarbeiter der NfO erwähnt, die direkten Einfluss auf den Inhalt von „al-Gihad" ausgeübt haben.

142 Vgl. Höpp, Gerhard, Arabische und islamische Periodika in Berlin und Brandenburg 1915 bis 1945, S. 9.

143 Ebenda, S. 13.

144 Vgl. Die Islamische Welt, Berlin 1, 1917, 2, S. 63.

bisch-türkischen Beziehungen im Rahmen des Panislamismus und dessen Rolle in den ägyptischen und maghrebinischen Unabhängigkeitsbestrebungen auf. So ist zu vermuten, dass sie sich unter anderem der Frage nach der Reaktion auf den seit Dezember 1914 erstellten englischen Plan zur Herstellung einer arabischen Revolte gegen die Hohe-Pforte widmete. Der englische Plan fand Gehör beim Scherif von Mekka, der sich im Juni 1916 gegen die Vorherrschaft der Türkei erhob und dem schon gegen England und Frankreich erklärten Heiligen Krieg widersprach.[145] Drei Wochen später, am 10. Dezember 1916, erschien die erste Nummer der „Garidat al-asara mata Halbmondlager“ als Lagerzeitung des Halbmondlagers Wünsdorf. Der Inhalt des wöchentlich bis zum 17. März 1917 erschienenen Blattes umfasste neben Kriegsberichten auch Märchen und Sagen aus Nordafrika in maghrebinischer Umgangssprache.

In der Weimarer Zeit arbeitete Arslan mit den Jungtunesiern und Jungtürken im Kreis von Enver Pascha zusammen. In Wirklichkeit war Arslan derjenige, der den Orientklub im Hause Al Hammis gründete, was im folgenden Kapitel behandelt wird. Der Aufenthalt Al Hammis in Berlin war nur eine Episode in einem komplexen west-östlichen Intrigenspiel geopolitischer Natur. Die tunesischen Historiker betonten den Erfolg und die Errungenschaften beziehungsweise Erfahrungen Al Hammis in Deutschland bezüglich der Gewerkschaften. In dieser Arbeit soll aber auch die Schattenseite dieser Erfahrung beleuchtet werden.

[145] Vgl. Kraïem, Mustapha, Nationalisme et syndicalisme en Tunisie 1918–1929, S. 97-100.

5. Das politische und gewerkschaftliche Engagement von Al Hammi in Berlin

Nach dem Ende des Ersten Weltkrieges musste Al Hammi mit Enver Pascha und hochrangigen türkischen Funktionären nach Deutschland fliehen. Berlin stellte damals den Ort des Panislamismus und der Befreiungsbewegungen dar. Seine Berliner Jahre (1919–1924) nutzte er für seine eigene politische und gewerkschaftliche Bildung. Sein intensives Engagement zeigte er sowohl im Orientklub, einem Organ der von Enver Pascha gegründeten Union der islamisch-revolutionären Gesellschaften, als auch in der Studentenvereinigung der Wilhelminischen Universität.

5.1. Al Hammi in der Union der islamisch-revolutionären Gesellschaften von Enver Pascha

Nach der Niederlage Deutschlands im Ersten Weltkrieg und dem Zerfall des Osmanischen Reiches strömten viele arabische Studenten, vor allem Ägypter, Jordanier, Syrer und Iraker nach Berlin, um dort ihr Studium wieder aufzunehmen. Die Wahl von Berlin lässt sich mit der Gründung der Union der islamistisch-revolutionären Gesellschaften im Jahr 1919 durch Enver Pascha und durch die staatlichen Vergünstigungen für ausländische Studenten erklären. Deutschland bot den mit Devisen kommenden Studenten günstige Lebensbedingungen.[1] Al Hammi zählte zu diesen Studenten, die politisch den Kreisen des „ägyptischen nationalistischen Komitees" mit Abdelaziz Schawisch, dem Mitglied der ägyptischen Nationalpartei und des Orientklubs, nahestanden. Sie sahen in dem durch den Versailler Vertrag gedemütigten Deutschland einen Verbündeten. Ein Beamter des britischen Außenministeriums klagte 1921 gegenüber seinem deutschen Kollegen *„Berlin sei ein Sammelpunkt von unzufriedenen Indern und sonstigen Mohammedanern."*[2] Im April 1922 warnte der britische Botschafter D'Abernon in Berlin seinen Außenminister Curzon davor, *„dass eine Ansammlung von Studenten aus verschiedenen orientalischen Ländern für die englischen Interessen im Orient gefährlich ist oder gefährlich werden kann… Die Sache ist von immenser Wichtigkeit und von extremer Schwierigkeit"*, fügte er hinzu.[3] Diese Einschätzung der britischen Diplomatie ist auf die Mehrzahl der Zeitun-

---

[1] Vgl. Höpp, Gerhard, Arabische und islamische Periodika in Berlin und Brandenburg 1915–1945. Geschichtlicher Abriß und Bibliographie, S. 17.

[2] Vgl. BArchP, Auswärtiges Amt, Film 17544, B1. 355634, in: Höpp, Gerhard, Arabische und islamische Periodika in Berlin und Brandenburg 1915–1945. Geschichtlicher Abriß und Bibliographie, S. 18

[3] Vgl. PRO, FO 371/7558, in: Höpp, Gerhard, Arabische und islamische Periodika in Berlin und Brandenburg 1915–1945. Geschichtlicher Abriß und Bibliographie, S. 18-19.

gen[4], die *„radikal nationalistisch, panislamisch und überaus englandfeindlich“*[5] waren, zurückzuführen. Solche Blätter stellten eine fortdauernde Gefahr für die englische Administration dar, denn sie versuchten, zwischen den arabischen und islamischen Freiheitsbewegungen in den Maghreb-Staaten und im Nahen Osten ein Bündnis gegen die Kolonialmächte zu bilden.

Für Al Hammi stellte der Orientklub den Raum seiner politischen und gewerkschaftlichen Bildung dar. Der Orientklub bildete eine Komponente der 1919 von Enver Pascha errichteten Union der islamisch-revolutionären Gesellschaften, der sich von Moskau aus um den Aufbau eines Netzwerkes panislamischer Organisationen bemühte. Der Klub wurde 1920 in Berlin gegründet. Sein Vorsitzender war Sakib Arslan und dessen Stellvertreter Abdelaziz Schawisch. Politisch war die panislamische und panorientalische Bewegung offen: Nach links hatte sie durch Enver Pascha Kontakt zur kommunistischen Internationale, nach rechts stand sie in Beziehung mit Edwin Emersons „League of Oppressed People“ und mit der „Lega dei Popoli Oppressi“ von Gabriele d’Annunzios, in Deutschland bestanden Beziehungen besonders zu den extremen Rechten um Erich Ludendorff.[6] Das Presseorgan des Orientklubs ist die mehrsprachige Zeitung „Liwa-el-Islam“, eine vierzehntägig erscheinende politische Zeitschrift. Sie erschien zum ersten Mal am 15. März 1921. Der Klub und das Blatt wurden durch Geldüberweisungen von Enver Pascha aus Moskau finanziert. Der Schriftleiter des Blattes Ilias Bragon erhielt im Januar 1921 von Enver Pascha 6.000 Mark und speziell für „Liwa-el-Islam“ 15.000 Mark sowie im September 1921 weitere 10.000 Mark.[7]

Der deutschen Literatur zufolge soll Al Hammi in enger Verbindung mit der Union und mit ihren Organen gestanden haben. Höpp ist der Meinung, dass die Union sogar Al Hammis Studium finanzierte. Auch der Orientklub sei in seiner Wohnung gegründet worden[8]: *„Muhammed Ali bewohnte 1920 Unterkünfte in vornehmer Lage im Westen Berlins, in Steglitz und in Wilmersdorf, darunter im Hause Knausstraße 17, das seinem Fluchtgenossen, Nazim, gehörte und das Enver selbst gelegentlich Zuflucht bot.“*[9]

---

4 Gemeint sind hier die gegen England gerichteten ägyptischen Blätter wie „Misr“ (wöchentlich), „Ägyptische Korrespondenz. Organ der ägyptischen Nationalpartei in Deutschland“ (halbmonatlich) und das gegen Frankreich gerichtete jordanische Blatt „al Hamama“,

5 Vgl. BArchP, Auswärtiges Amt, Film 16866, in: Höpp, Gerhard, Arabische und islamische Periodika in Berlin und Brandenburg 1915–1945. Geschichtlicher Abriß und Bibliographie, S. 19.

6 Vgl. Höpp, Gerhard, Arabische und islamische Periodika in Berlin und Brandenburg 1915–1945. Geschichtlicher Abriss und Bibliographie, S. 25.

7 Ebenda.

8 Vgl. Azadi-el Sharq 9/1921: 3.

9 Vgl. BArchB, AA, Film 15251, BI. 451220, in: Höpp, Gerhard, „Den Fragen der Raiffeisenorganisation zugewandt.“ Der tunesische Gewerkschafter Muhammed Ali Al-Hammi und sein Aufenthalt in Berlin, 1919–1924“, S. 92–93.

Gründungsfeier des Orientklubs mit vielen Orientalen in der Wohnung von Muhammed Al Tunisi[10].

Die These, dass Al Hammi ein Mitglied in der Union war, wurde durch seine Verbindung mit dem mehrsprachigen Blatt „Azadi-el-Sharq. Freiheit des Ostens. Politische, wirtschaftliche und soziale Zeitschrift" untermauert. Es erschien zum ersten Mal am 31. Mai 1921 in Berlin. Sein Herausgeber war der Iraner Abdelrahman Saif, der sich während des Krieges in Deutschland aufhielt. Al Hammis Verwendung von Briefpapier mit dem Briefkopf der Zeitschrift „Azadi-el-Sharq" für eigene Zwecke verrät, dass er dieser panislamischen Zeitschrift nahestand.

---

10 Vgl. „Azadi-el Sharq" 9/1921:3.

Muhammed Ali Al Hammis Brief an seinen Cousin Ali Belgacem Chaffei vom 30. November 1922[11]

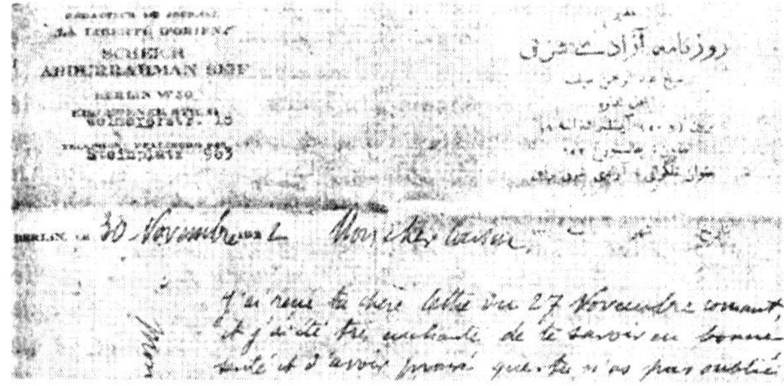

Beide panislamische Zeitschriften, das heißt „Liwa-el-Islam“ und „Azadi-el-Sharq“ verfolgten die Ziele der Union, nämlich „*Die Befreiung dieser Welt von der Knechtschaft und Erdrosselung, die eine Folge des Imperialismus sind....*“[12] In der ersten erschienenen Nummer der Zeitschrift „Azadi-el-Sharq“ waren als weitere Ziele genannt: „*Mitarbeit an der Befreiung der Völker des Ostens aus den Banden fremder Knechtschaft, die Bekämpfung aller imperialistischen Bestrebungen, die Mithilfe zur wirtschaftlichen und industriellen Erstarkung und zur geistigen Förderung aller Völker des Orients.*“[13] In beiden Zeitschriften wird die Sympathie für Räterussland[14] und für den deutschen Bolschewismus nicht verheimlicht.

> „Wir wollen damit nicht sagen, dass wir Orientalen oder Deutsche Bolschewisten werden sollen, sondern nur das Eine, dass wir gemeinsam ... nach Kräften mithelfen sollen bei der Bekämpfung der wahren ländergierigen Feinde der Welt. Es lebe die geistige Einheit zwischen den Russen, Deutschen und Orientalen!“[15]

Durch ihr Pressennetz in Europa baute die Union eine eigenartige Mischung aus Panislamismus und Panarabismus, also Antiimperialismus, sowie aus Germano- und Russophilie auf. Ihr Vorgehen fand tiefes Echo bei ihren Anhängern sowohl in der „Azadi-el- Sharq“ als auch in der „Liwa-el-Islam“. Zielgerichtete Themen dominierten die Schriftlinie beider Zeitschriften. Neben politischen Artikeln, vor allem ägyptischer Nationalisten wie Abdelaziz Schawisch[16], sind auch Aufrufe der Deutschen Sektion der Ägyptischen Nationalpartei[17], Ar-

---

11 Vgl. Ben Miled, Ahmed, Aux origines du syndicalisme tunisien. Deux documents relatifs au séjour et aux activités de Muhammad Ali à la veille et au lendemain de la Grande Guerre, in: Les Cahiers de Tunisie 25 (1977), N° 97–98.

12 Ilias Bragon, in: Liwa-el-Islam, Berlin 1 (1921)1, S. 1.

13 Vgl. Azadi-el Sharq, Berlin 1(1921/22)1, S. 1.

14 Vgl. Liwa el-Islam 2/1921, „Orient und Russland“, in: Höpp, Gerhard, Arabische und islamische Periodika in Berlin und Brandenburg 1915–1945. Geschichtlicher Abriss und Bibliographie, S. 27.

15 Vgl. Azadi-el-Sharq, Berlin 1(1921/22)1.

16 Ebenda, 1(1921/22)9, S. 2.

17 Ebenda, 2(1922/23) 22, S. 4.

tikel über „die heilige sozialistische Lehre“[18], „Russisches Brot endet die deutsche Not“[19] (zur Ruhrhife) zu erwähnen.

Aus der Lektüre der Artikel in „Azadi-el-Sharq“ geht hervor, dass Al Hammi nur einen einzigen Artikel herausgab. Es handelt sich dabei um den Nachruf für den 1922 verstorbenen Bey von Tunesien, der offenbar in der Union tätig war.

Muhammed Ali Al Hammis Nachruf für den 1922 verstorbenen Bey von Tunesien[20]

وفات باى تونس

فلسطين للفلسطينيين

من طهران الى نيويورك

In der deutschen Öffentlichkeit rief die panislamisch-bolschewistische orientalische Presse Irritationen hervor. Der Staatskommissar für öffentliche Ordnung und das AA recherchierten ausführlich in den Veröffentlichungen der erwähnten Blätter. Dem AA zufolge musste die panislamische Presse ernst genommen werden. Der Staatskommissar für öffentliche Ordnung warnte im Oktober 1921, es sei *„ein stark bolschewistisch gefärbtes Journal“*[21] und meinte hier die

18 Ebenda, 1(1921/22) 2.

19 Ebenda, 3(1923/24) 31.

20 Vgl. Azadi-el Sharq, Berlin 1(1921/22)1

21 Vgl. BArchP, Auswärtiges Amt, Nr. 57635, B1. 143, in: Höpp, Gerhard, Arabische und islamische Periodika in Berlin und Brandenburg 1915–1945. Geschichtlicher Abriss und Bibliographie, S. 28.

„Azadi-el-Sharq". Wenig später ließ das AA wissen, die Tendenz der „Liwa-el-Islam" sei *„schroff mohammedanisch-nationalistisch"* und *„nicht allein gegen England, sondern gegen die gesamte Entente gerichtet"*. Im Unterschied zur „Liwa-el-Islam" bekam die „Azadi-el-Sharq" starke finanzielle Unterstützung aus Sowjet-Russland. Ihr Programm richtete sich daher „mehr *als die erstgenannte auf bolschewistische Bestrebungen*"[22] aus, so das AA.

Die stärksten Reaktionen kamen jedoch von den Kolonialmächten Frankreich und Großbritannien. Dies war laut Höpp der Furcht vor einem mit Deutschland und Sowjetrussland verbundenen politischen Panislamismus geschuldet. In den Akten des britischen Außenministeriums und des India Office stand, dass „Liwa-el-Islam" und „Azadi-el-Sharq" in wichtigen Teilen der arabisch-islamischen Welt verteilt und gelesen werden. Durch ihre Aufrufe und schlagkräftigen Schriften gegen die Entente stellten beide panislamisch-bolschewistische Zeitschriften eine ernste Gefahr für die Präsenz von England und Frankreich in den Kolonien dar. Am 30. Mai 1922 bat der englische Außenminister Balfour das AA darum, den *„schädlichen Publikationen ein Ende zu setzen"*. Einen Monat später gab Abdulrahman Saif in „Azadi-el Sharq" an, dass er vom AA ermahnt wurde, er solle künftig den Schriftton mäßigen. Er schrieb:

> „Wir wünschen nicht, den deutschen Behörden Schwierigkeiten zu bereiten. Unser gutes Recht zu objektiver Berichterstattung können wir aber nicht aufgeben… Noch glauben wir in der Tat nicht in einer englischen Kolonie zu leben."[23]

Am 4. August desselben Jahres teilte der britische Botschafter in Berlin seinem Außenminister mit, dass der Staatssekretär Edgar Haniel von Haimhausen vom AA Abdulrahman Saif „nachdrücklichst" aufgefordert habe, *„seinen Ton bezüglich der englischen Politik und englischen Staatsmänner zu ändern."*[24] Parallel dazu verboten die Engländer die Einfuhr beider Zeitschriften nach Indien und in den Iran und versuchten, dieses Verbot auf Frankreich und Italien auszudehnen. Höpp ist der Ansicht, dass der Veröffentlichungsabbruch der „Liwa-el-Islam" im Dezember 1922 nicht mit dem englischen Druck in Verbindung zu bringen ist. Das Ende des Blattes erfolgte vielmehr mit dem Versiegen der Geldquellen, nachdem Djemal Azmi am 14. April 1922 und Enver Pascha im August desselben Jahres ermordet worden sind.[25] Auch „Azadi-el Sharq" litt unter Geldmangel und bekam keine Unterstützung mehr, weder von der sowjetischen Vertretung in Berlin noch von der deutschen Regierung. Neben diesen wichtigen zwei Blättern wären noch drei andere, allerdings eher marginale Blätter der panislamistisch-panorientalischen Szene in Berlin zu nennen: die in

[22] Vgl. BArchP, Auswärtiges Amt, Nr. 57635, B1. 141, in: Ebenda, S. 29.

[23] Vgl. Azadi-el Sharq, Berlin 2 (1922/23) 20–21.

[24] Zitiert nach Gerhard Höpp, Arabische und islamische Periodika in Berlin und Brandenburg 1915–1945. Geschichtlicher Abriss und Bibliographie, S. 29–30.

[25] Vgl. Höpp, Gerhard, Arabische und islamische Periodika in Berlin und Brandenburg 1915–1945. Geschichtlicher Abriss und Bibliographie, S. 30.

Englisch geschriebenen „The Crescent. The only Muslim Organ in Europe", „The Muslim Standard" und die auch in Urdu und anderen orientalischen Sprachen erschienene „El-Islah. A Monthly Arabic Journal – Literary and Commercial".[26]

5.2. *Al Hammi an der Wilhelminischen Universität 1921*

Muhammed Ali Al Hammi wurde offiziell am 25. Mai 1920 in Deutschland aktenkundig. An diesem Tag immatrikulierte er sich als Gasthörer an der Berliner Friedrich-Wilhelms-Universität und blieb bis zum 17. Oktober 1921, d.h. insgesamt drei Semester. Am 7. November desselben Jahres ließ er sich an der Philosophischen Fakultät der Berliner Universität zum Studium der Nationalökonomie immatrikulieren.[27]

Rektorateintrag[28]

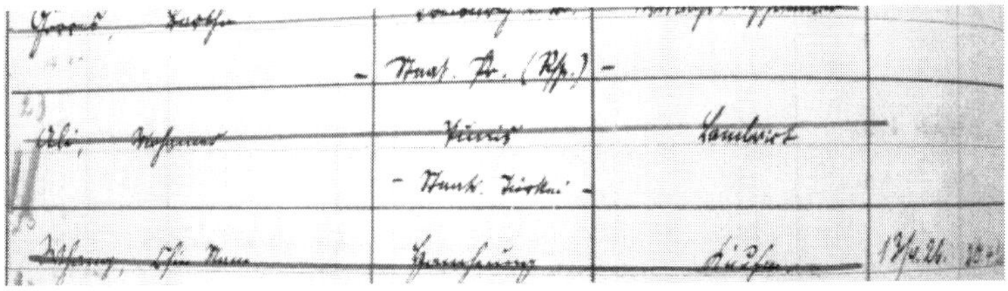

Warum er Nationalökonomie studieren wollte, erklärt er folgendermaßen:

> „Ich reiste zurzeit nach Deutschland, um bei deutschen Professoren weiter zu studieren und meine orientalischen Kenntnisse durch die Lichter des abendländischen Wissens zu ergänzen. Als ich mich an der Berliner Universität immatrikulierte, war ich unentschlossen über das Fach, das meiner Nation und meinem Land zugute kommt. Die tunesischen Zeitungen, die ich regelmäßig aus der Heimat erhielt, zeigten, dass Tunesien unter finanziellem und wirtschaftlichem Rückstand litt. Ich stellte fest, dass die anderen Nationen nur durch hohes Interesse für Landwirtschaft, Industrie und Handel ihre erstaunliche Entwicklung realisierten. Diese sind die Grundlagen der Wirtschaft."[29]

---

[26] Ebenda, S. 31.

[27] Vgl. Höpp, Gerhard, „Den Fragen der Raiffeisenorganisation zugewandt." Der tunesische Gewerkschafter Muhammed Ali Al-Hammi und sein Aufenthalt in Berlin, 1919–1924", S. 91 ff.

[28] Vgl. Rektoratsregister der Friedrich-Wilhelms-Universität Berlin, Nr. 2577/112, Archiv der Humboldt Universität, Berlin.

[29] Vgl. Al Haddad, Taher, al-^{c}umāl al tūnysiyūn wa zuhūr al ḫaraka al-naķābiya, S. 49. Der Originaltext lautet: „Fasāfartu 'idhāka 'ilā almāniya liubāshira al-dirāsata bihā wa 'ākhudha ^{c}an 'asātidhatihā wa 'ukal-lila ma^{c}lūmātī al-sharķiya bimā ya^{c}ūzunī min anwār al ma^{c}ārif al ^{c}arabiya, fadakhaltu 'ilā djāmi^{c}at barlīn lakin-nī 'iḫtartu wa lam 'adrī mā hiya al ^{c}ulūm al- latī yatasannā lī bihā 'an 'akhdima 'ummatī wa bilādī. Faistadlaltu mina al

Kurz vor seiner Immatrikulation als ordentlicher Student im Sommer 1921 begann seine eigene gewerkschaftliche Erfahrung. Er wurde zum Vorstandsmitglied der „Vertretung ausländischer Studierender der Friedrich-Wilhelms-Universität" gewählt. Obwohl diese Mitgliedschaft, auf die Höpp in seiner Studie[30] verwies, im Zusammenhang mit der Union nicht belegt ist, gilt seine Mitwirkung im panislamischen Netzwerk der Union als sicher. Es wird sogar vermutet, dass Al Hammis politische und gewerkschaftliche Aktivität an der Universität Berlin ein folgerichtiges Ergebnis seiner bisherigen Laufbahn im Kampf für die Freiheitsprinzipien und gegen die Kolonialmächte darstellte.

Aus dem Protokoll der ersten Vertreterversammlung der ausländischen Studenten vom 19. Februar 1921[31]

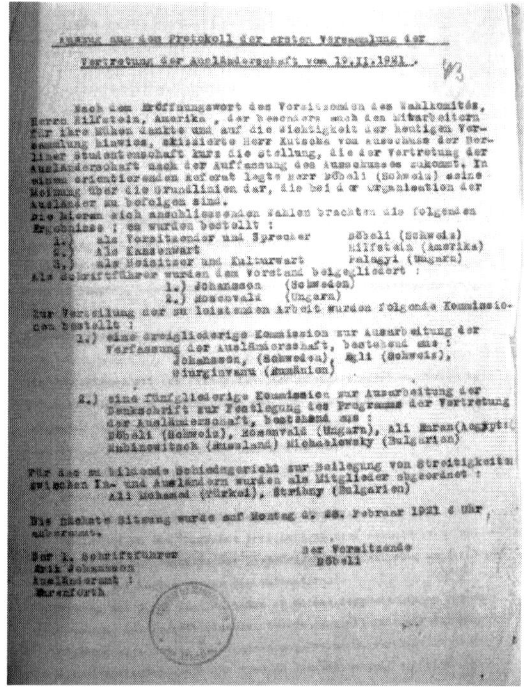

Auszug aus dem Protokoll der ersten Versammlung der

Vertretung der Ausländerschaft vom 19.II.1921.

Nach dem Eröffnungswort des Vorsitzenden des Wahlkomitês, Herrn Hilfstein, Amerika, der besonders auch den Mitarbeitern für ihre Mühen dankte und auf die Wichtigkeit der heutigen Versammlung hinwies, skizzierte Herr Kutschka vom Ausschuss der Berliner Studentenschaft kurz die Stellung, die der Vertretung der Ausländerschaft nach der Auffassung des Ausschusses zukommt. In einem orientierenden Referat legte Herr Göbeli (Schweiz) seine Meinung über die Grundlinien dar, die bei der Organisation der Ausländer zu befolgen sind.
Die hieran sich anschliessenden Wahlen brachten die folgenden Ergebnisse: es wurden bestellt:
1.) als Vorsitzender und Sprecher Göbeli (Schweiz)
2.) Als Kassenwart Hilfstein (Amerika)
3.) als Beisitzer und Kulturwart Palagyi (Ungarn)
Als Schriftführer wurden dem Vorstand beigegliedert:
1.) Johansson (Schweden)
2.) Rosenvald (Ungarn)
Zur Verteilung der zu leistenden Arbeit wurden folgende Kommissionen bestellt:
1.) eine dreigliederige Kommission zur Ausarbeitung der Verfassung der Ausländerschaft, bestehend aus: Johansson, (Schweden), Egli (Schweiz), Giurgiuvanu (Rumänien)
2.) eine fünfgliederige Kommission zur Ausarbeitung der Denkschrift zur Festlegung des Programms der Vertretung der Ausländerschaft, bestehend aus: Göbeli (Schweiz), Rosenvald (Ungarn), Ali Maran (Aegypten) Rabinowitsch (Russland) Michaelowsky (Bulgarien)
Für das zu bildende Schiedsgericht zur Beilegung von Streitigkeiten zwischen In- und Ausländern wurden als Mitglieder abgeordnet: Ali Mohamed (Türkei), Strihay (Bulgarien)
Die nächste Sitzung wurde auf Montag d. 28. Februar 1921 6 Uhr anberaumt.

Der 1. Schriftführer
Erik Johansson
Ausländeramt:
Ehrenforth

Der Vorsitzende
Göbeli

djarāidi al-tūnisiya al-latī kānat tursalu 'ilay-ya 'an-na bilādunā mutakahkiratun min ḫaythu ḫālatihā al-māliya wa al-iktiṣādiya. Wa ra-aytu 'an-na al-umama al-ukhrā lam tartakī wa lam tablugh al-dhurwa al- kāṣiya al-latī tudhhilu al-ᶜukūl 'il-lā min 'ihtimāmihā bifilāḫatihā wa ṣanāiᶜihā wa tidjāratihā wa hadhihi al-furūᶜ hiya al-asāsu liᶜilmi aliktiṣād".

30 Es geht hier um die von Joshua Rogers und Kathrin Wittler ergänzte Studie: „Den Fragen der Raiffeisenorganisation zugewandt". Der tunesische Gewerkschafter Muhammed Ali Al-Hammi und sein Aufenthalt in Berlin 1919–1924. „Muhammed Ali à Berlin" wurde von Soraya Fersi ins Französische übersetzt und von der Friedrich-Ebert-Stiftung Tunis 2009 veröffentlicht.

31 Aus dem Protokoll der ersten Vertreterversammlung der ausländischen Studenten vom 19. Februar 1921, Archiv der Humboldt Universität, 1920/21/22/25, Berlin.

Wenig wissen wir aber über den Alltag Al Hammis in Berlin und noch weniger über sein Studium. Dem tunesischen Historiker Abdelbaki Hermassi zufolge hat er die Seminare von Heinrich Cunow (1862–1936), Heinrich Herkner (1863–1932), Ignaz Jastrow (1856–1937), Max Sering (1857–1939) und Werner Sombart (1863–1941) besucht. Diese Seminare stellten den Ursprung für die Entwicklung sozialer Vorstellungen bei Al Hammi dar.[32] Zwischen 1921 und 1924 boten die erwähnten Professoren im Fach Nationalökonomie folgende Vorlesungen an: Cunow „Die Marx'sche materialistische Geschichtsauffassung", „Marx'sche Soziologie", „Wirtschaftsgeschichte. Vom Urkommunismus zur Marktgenossenschaft" und „Entwicklung der vorkapitalistischen Wirtschafts- und Eigentumsformen"; Herkner „Finanzwissenschaft", „Geschichte der neueren Volkswirtschaftslehre" und „Praktische Nationalökonomie: Sozialpolitik"; Jastrow „Allgemeine Nationalökonomie", „Allgemeine Verwaltungswissenschaft" und „Finanzwissenschaft"; Sering „Praktische Nationalökonomie: Agrar- und Gewerbepolitik" und „Allgemeine (theoretische) Nationalökonomie" sowie Sombart „Spezielle Nationalökonomie: Theorie und Geschichte des Hochkapitalismus".[33]

Laut Höpp stammt der einzige spezifische Hinweis auf Al Hammis Studien von dem deutschen Diplomaten Rudolf von Bassewitz. Dieser teilte am 2. März 1925 seinem Vorgesetzten Herbert von Richthofen mit:

> „Der Tunesier Muhammed Ben Ali hat, soweit ich feststellen konnte, nach dem Kriege in Berlin Nationalökonomie studiert und sein Interesse insbesondere den Fragen der Raiffeisenorganisation zugewandt. Er ist laut einer Äußerung des Herrn Professor Kampffmeyer ein überlegter Mann, der jeder extremen politischen Agitation fern steht. Ein Bruder des Genannten lebt in Paris."[34]

Mit anderen Worten soll Al Hammi die Seminare von August Müller besucht haben, der damals Vorlesungen über „Die Theorie und Praxis der Erwerbs- und Wirtschaftsgenossenschaften unter besonderer Berücksichtigung Deutschlands" und „Das deutsche landwirtschaftliche Genossenschaftswesen" hielt.

In diesem Zusammenhang zeigt sich schließlich auch, dass die Engländer mit großem Interesse die politische Tätigkeit der arabischen Studenten in Berlin verfolgten. Ein Brief, den Professor Georg Kampffmeyer vom „The Thug of India" erhalten hatte, verriet sogar, dass die Aktivitäten aller asiatischen und afrikanischen Studenten unter Überwachung standen:

---

32 Vgl. Hermassi, Abdelbaki, Mouvement ouvrier en société coloniale la Tunisie entre les deux guerres, S. 97.

33 Vgl. Höpp, Gerhard, „Den Fragen der Raiffeisenorganisation zugewandt". Der tunesische Gewerkschaftsführer Muhammed Ali Al-Hammi und sein Aufenthalt in Berlin, S. 94.

34 Vgl. BArchB, AA, Film 43461, BI. L 318301, in: Höpp, Gerhard, Arabische und islamische Periodika in Berlin und Brandenburg 1915–1945. Geschichtlicher Abriss und Bibliographie.

„Als Offizier der ‚Indischen Thug' bin ich beauftragt, die in Europa (speziell Deutschland) befindlichen orientalischen Studenten und Gesandtschaften zu überwachen. Ich bringe Ihnen dies hiermit zur Kenntnis, um Sie zu warnen, da Ihr bisheriges Verhalten weder wünschenswert noch nützlich für den bevorstehenden Freiheitskampf in Asien-Afrika sein kann./ Nachdem ich über die letzten Vorkommnisse nach Indien Bericht erstattet habe, sind mir daraufhin alle Mittel zur Verfügung gestellt, jeden Verrat an unsere Feinde exemplarisch zu bestrafen. Meine Soldaten werden danach handeln./ Ferner mache ich die Deutschen Zeitungen etc. darauf aufmerksam, dass jede Verbindung mit nebenstehenden Kreisen nicht nur gefährlich ist, sondern auch Verrat an ihrem eigenen Lande bedeutet, da sie mit englischen, französischen und anderen Kreisen zusammenarbeiten: 1. Die Ahmadia, Berlin; 2. Die Vereinigung Islamischer Gottesverehrung zu Berlin; 3. Alle Orientalischen Gesandten und Botschaften; 4. Alle anderen unorganisierten Studenten aus Asien oder Afrika etc./ Talke Heed! Unterzeichnet hatten „The Thug of India i/V. Tucculla (Off.) Vivecananda (Rep.) Übungsgebiet Landeshut" in Schlesien."[35]

Kampffmeyer war durch seine Kenntnisse der islamischen Szene im Reich bekannt und stellte sogar eine wichtige Quelle für die deutsche Diplomatie dar. Dazu schrieb er 1923:

„Wir Deutschen können ja jetzt nicht mehr nach dem Orient reisen, aber der Orient ist zu uns gekommen. Was hätten unsere Professoren in diesen letzten Jahren von dem Umgange mit den Orientalen lernen können! Aber ihr Blick ist anderswohin gerichtet. Ihre philologisch-historischen Interessen sind der Gegenwartsgeschichte abgewandt."[36]

Darüber hinaus spürt man bei der Beschäftigung mit Kampffmeyers Diskurs eine gewisse Sympathie für den Orient. Er verheimlichte seine Solidarität mit den Unabhängigkeitsbestrebungen des kolonisierten Orients nicht und empfand sie als gerecht. Dies zeigt sich sowohl in seinem 1925 publizierten Gespräch mit dem Ägypter Mansur Rifat als auch in seinen Veröffentlichungen[37]:

„Nichts Törichteres, nichts Verwirrendes in politischen und menschlichen Beziehungen, nichts Unwissenschaftlicheres, als das Gerede von Farbigen, wo es sich um unsere muslimischen Freunde und Brüder im Vorderen Orient handelt (...). Es ist nicht wahr, dass es sich bei den heutigen Gegensätzen im Orient eine Vernichtung Englands, um einen Kampf ‚Farbiger' gegen Weisse, um einen Kampf des Orients gegen Europa, um einen Untergang des Abendlandes handelt, den der Orient heraufführen will. (...) Es handelt sich allein um Befreiung von Unterdrückung um Herstellung von Entfaltung der reichen und tiefen Kultur des Orients, also um eine Erneuerung des Segens, den die Menschheit in der Vergangenheit von Orient empfing. Der Orient wird niemals Europa bedrohen, nie es unterdrücken, nie die Europäer in ihren Lebensnotwendigkeiten behindert sein."[38]

---

35 Vgl. Höpp, Gerhard, Orientalistik mit Konsequenz, Georg Kampffmeyer und die Muslime, in: Rudolph, Kurt/Falsche, Rainer (Hrsg.), Religionswissenschaft in Konsequenz/ Beiträge im Anschluss an Impulse, Lit, 2000, Münster, S. 44.

36 Ebenda, S. 45.

37 Zitiert nach Ebenda, S. 46–47. Siehe auch Mitteilungen des Seminars für Orientalische Sprachen. 2. Abt.: Westasiatische Studien 39 (1936), 1. Die Behauptung stammt von Morgenroth, Seminar, 718.

38 Ebenda, S. 46–47.

Unterstützt von seinen Kollegen Gotthelff Bergsträsser, August Fischer und Richard Hartmann, gründete Kampffmeyer 1926 den „Hilfsbund für arabische Studierende in Deutschland".[39] Sein Umgang mit den muslimischen Studierenden war eng, so dass die deutschen Behörden über sie Auskünfte erbaten. Er wurde, wie oben angedeutet, auch nach dem von den Franzosen verfolgten tunesischen Gewerkschaftsführer Al Hammi befragt.

5.3. Enver Pascha und sein Verhältnis zu Al Hammi

Enver Pascha war zwischen 1908 und 1918 eine herausragende Persönlichkeit der türkischen Politik. Er gilt als eine kontroverse, wechselhafte und komplexe geschichtliche Persönlichkeit. In der Tat stand er hinter dem Völkermord an den Armeniern[40], die er als Hindernis auf dem Weg zum „Großtürkenreich" sah. In der heutigen Türkei wird Enver Pascha als Nationalheld angesehen. Anlässlich der Überführung seines Leichnams am 4. August 1996 wurde er als „Held der Freiheit und des Sieges" gefeiert. Seine Grabstätte, die auch „Heiligenschrein" Enver Paschas genannt wird, liegt in Istanbul. Es sind zudem viele Orte (Straßen, Moscheen, Schulen usw.) nach ihm benannt worden. Als Reaktion auf die große Mediatisierung des Genozides an den Armeniern gaben 4.000 Istanbuler 2010 ihre Unterschrift ab, damit ihre Straße nach Enver Pascha umbenannt wird.[41]

Überdies stand Enver Pascha laut der deutschen Literatur, wie schon erwähnt, hinter der Entwicklung der panislamischen Bewegung in der islamisch-arabischen Welt. Zur Ausführung seiner Mission sammelte er die wichtigsten Scheichs des Islams wie Salih al Sharif al Tunisi sowie politische Persönlichkeiten wie Sakib Arslan, Ali Basch Hamba oder die Führer der ägyptischen Nationalpartei um sich. Hervorzuheben ist hier, dass die Deutschen Anfang des 20. Jahrhunderts einen im preußischen Geist erzogenen prodeutschen Kern in der türkischen Armee geschaffen haben.[42] Enver Pascha ging selbst von 1909 bis 1911 als Militärattaché nach Berlin, wo er die engen deutsch-türkischen

[39] Ebenda, S. 41.

[40] Bekannt heute als armenischer Genozid war der Völkermord an den Armeniern eine der ersten Genozide des 20. Jahrhunderts. Auf türkischer Seite trägt die Regierung der Jungtürken vom Komitee für Einheit und Fortschritt die volle Verantwortung dieser Vernichtung. Als Verbündeter des Osmanischen Reiches hat zuletzt Deutschland seine Mitverantwortung anerkannt. Am 23. April 2015 hat Bundespräsident Joachim Gauck anlässlich des 100. Jahrtages der Massaker an den Armeniern im Osmanischen Reich diese klar als Völkermord benannt.

[41] Vgl. Arbeitsgruppe Anerkennung gegen Genozid, für Völkerverständigung (AGA), Täterverehrung: Enver Pascha (Ismail Enver Bey) unter: http://www.aga-online.org/worship/enver-pasha.php?locale=de, 2010.

[42] Bezüglich der deutsch-türkischen Beziehungen siehe: Brauns, Nikolaus, Die deutsch-türkischen Beziehungen vor dem Ersten Weltkrieg 1914, vor allem Kapitel 5: „Von der Militärmission zur Waffenbrüderschaft".

Bündnisbeziehungen weiterentwickelte und persönlich dafür sorgte, dass preußische Offiziere höchste Funktionen in der türkischen Armee einnahmen. Deshalb gilt er nach den Historikern als der eigentliche Architekt der deutsch-osmanischen Allianz.[43] Er ist für uns eine Schlüsselfigur, Al Hammi, wie schon gezeigt[44], ist ihm begegnet und war ihm zugeordnet.

Schon bei dem türkisch-italienischen Krieg 1911/1912 entwickelte Enver Pascha die von ihm geleitete Teskilât – i Mahsûsa – eine Kombination von Geheimdienst und Guerilla-Organisation, indem er Dissidenten aus Nordafrika, hauptsächlich aus Tunesien und Algerien, rekrutierte.[45] Parallel zur deutschen NfO gründete der ehrgeizige türkische Kriegsminister eine „*Zentralstelle für die islamische Bewegung*" im Kriegsministerium mit dem Ziel der Erhebung der islamischen Welt gegen die Entente, auch im Süden Tunesiens und in Algerien. Enver Pascha schuf die Voraussetzungen dafür: Des Weiteren gründete Enver Pascha bei seinen verschiedenen Missionen ein Mitarbeiternetz aus den Ländern im Süden und Osten des Mittelmeeres, das er Anfang des Krieges in Gang setzte. Neben den Propagandakampagnen war dieses Netz für Waffentransporte und die Bildung von Revolutionskomitees zuständig. So sollten die Entscheidungsträger in der Wilhelmstraße davon überzeugt werden, dass die Türken organisationsfähig sind.

Unterstützung bei diesen Aufgaben erfuhr Enver Pascha durch den oben bereits erwähnten Begründer der Jungtunesier Ali Basch Hamba, der schon durch seine in der tunesischen Zeitung „*Le Tunisien*" veröffentlichten Artikel bei von Oppenheim einen guten Eindruck hinterlassen hatte.[46] Basch Hamba wurde aus Tunesien deportiert. Er ging zunächst nach Paris, dann nach Konstantinopel, wo er schnell Anschluss an die Exilkreise fand. Durch seinen Freund Sakib Arslan knüpfte er enge Kontakte zu den Herren des Komitees für Einheit und Fortschritt (KEF) und vor allem zu Enver Pascha. Envers Vertrauen erlaubte es ihm, wichtige Posten in der Osmanischen Verwaltung zu erhalten. Neben seiner Mitgliedschaft im Osmanischen Staatsrat[47], war die vielleicht wichtigste Stelle, die er bekleidete, die in der dem Kriegsministerium unterstehenden TM.[48] Mit dem Beginn des Krieges kümmerte er sich um die Planung der Kriegsgefangenentransporte aus Deutschland und der Waffentransporte zu den Schauplätzen des Djihads sowie um die türkische Propaganda in den deutschen

---

43 Vgl. Dument, Paul, La fascination du Bolchevisme: Enver Pascha et le Parti des Soviets populaires 1919–1922, volume 16, 1975, S. 141–166, S. 159.

44 Siehe Kapitel 2.

45 Vgl. Müller, Herbert Landolin, Islam, Gihad und Deutsches Reich, S. 238–239.

46 Ebenda, S. 244–245.

47 Ebenda, S. 247.

48 Ebenda.

Lagern. Da er die deutschen Militärs so stark beeindruckte[49], wurde er von ihnen zu Einzelfragen wie der Beschaffung von Waffen und Geräten konsultiert[50]. Lossow berichtet aus Konstantinopel, dass *„die türkische Bewegung in Tripolis...bisher ebenso wie andere exotische mohammedanische Unternehmungen durch Ali Basch Hamba Bey gemeinsam mit mir und der Sektion Politik des Generalstabes bearbeitet wurde.“*[51]

Neben Basch Hamba verließ sich Enver Pascha in seiner TM auf Sakib Arslan, Salih al-Sharif, Abdelaziz Schauwisch, Muhammed Basch Hamba und Rabah Bukabaya (mit dem Beiname Hadj Abdallah in der NfO). Diese Propagandisten waren in der TM tätig und arbeiteten direkt oder indirekt mit deutschen Stellen in der NfO zusammen. Es gab auch eine ganze Reihe weiterer dienstbarer Geister, die jedoch im Hintergrund blieben. Zu ihnen gehörten unter anderem Muhammed al Khidr Husein (1876–1958) und Ismail al Sefaihi, der Neffe des Emirs Abdelkader Ahmed Moktar.

Hans Humann, Marineattaché in Konstantinopel und Vertrauter von Enver Pascha, bringt seine Sorgen und Ängste über die Zusammenarbeit mit den Muslimen zum Ausdruck:

> „Die Erfahrung hier im Orient lehrt, dass man mit seinem Urteil über interne islamische Verhältnisse äußerst zurückhaltend sein muss. Was die islamische Welt unter sich tut und treibt, entzieht sich für uns völlig jeder sicheren Beurteilung: wir können da immer nur tasten, werden immer wieder Überraschungen gegenüberstehen, weil wir weder den Ausdruck dieser Menschen, noch den Sinn ihres Handelns und ihrer Sprache jemals ganz verstehen. Wer, an europäische und gar deutsche Verhältnisse gewöhnt, sich eine Weile gründlich mit Mohammedanern beschäftigt, wird stets dem Irrtum verfallen, dass er nun die Leute zu begreifen glaubt und ihr Handeln versteht. Erst durch immer wiederkehrende ‚Überraschungen' gewinnt man die Überzeugung, dass es für uns fast unmöglich ist, wirklich in diese Dinge einzudringen, (...) Regelmäßig, wenn General V. Lossow oder ich irgendeine Neuigkeit aus der islamischen Welt Nordafrikas Enver Pascha mitzuteilen hatten, besaß er sie längst schwarz auf weiß. Niemand weiß wie diese Fäden laufen. Niemand von uns kann diese Zusammenhänge durchschauen.“[52]

---

[49] Vgl. Hans Humann, deutscher Marineattaché in Konstantinopel, berichtet: „...er war ein für hiesige Begriffe ungewöhnlich gebildeter Mann und vorzüglicher Kenner der arabischen Verhältnisse, der in seiner militärpolitischen Tätigkeit...anerkanntermaßen Bemerkenswertes geleistet hat“. Vgl. BA-MA, RM40/v. 285, in: Müller, Herbert Landolin, Islam, Gihad und Deutsches Reich, S. 248.

[50] Vgl. BA-MA, RM 5/3951, Berlin 6. August 1918, Sektion Politik an den Militärbevollmächtigten in Konstantinopel, in: Müller, Herbert Landolin, Islam, Gihad und Deutsches Reich, S. 248.

[51] Vgl. BA-MA, RM 40/v. 283, Konstantinopel 24. Januar 1918, Lossow an Seeckt, B.N. 49418 v., in: Müller, Herbert Landolin, Islam, Gihad und Deutsches Reich, S. 248.

[52] Vgl. BA-MA, Akten der Mittelmeerdivision, RM 40/v. 285, Deutsche Botschaft Konstantinopel, Marine-Attaché B. Nr. 1688 v. 7. Dezember 1916, S. 1-6, S. 4, in: Müller, Herbert Landolin, Islam, Gihad und Deutsches Reich, S. 240.

Paul von Hindenburg drückte seinerseits Zweifel gegenüber den militärischen Fähigkeiten von Enver Pascha und der türkischen Militärführung aus.[53] Diese Zweifel an den Fähigkeiten der Osmanischen Militärs gingen unter anderem auf die mehrmalige türkische Beantragung der Finanzierung ihrer Propaganda und der Beschaffung von Geräten und Waffen sowie die militärische Unbeschränktheit zurück, die bei den Deutschen unerwünscht war. Enver blieb auf die deutsche Mithilfe angewiesen. Diese war in verschiedenen Fällen geboten: Transport der Kriegsgefangenen und deren Ausrüstung, Belohnung der Propagandisten.[54] Nach der Unterzeichnung des Waffenstillstandes von Mudros am 30. Oktober 1918 und dem Regierungswechsel, infolgedessen die Liberalen wieder an die Macht kamen, mussten die Führer der Jungtürken, Großwesir Talat Pascha, Marineminister Djemel Pascha, Kriegsminister Enver Pascha, begleitet von Unionisten und hohen Funktionären, zunächst nach Odessa, dann nach Berlin fliehen, um ihrer Verhaftung und Verurteilung zu entgehen. Zu dieser hochrangigen politischen und militärischen Gruppe gehörte auch, wie schon erwähnt, Al Hammi. In Berlin ermöglichten Militärkreise den illegalen Aufenthalt der Jungtürken. Sie bekamen sogar Unterstützung aus dem Umkreis des Reichspräsidenten der Weimarer Republik Friedrich Ebert und vom AA. In Konstantinopel wurden die Flüchtlinge 1919 wegen ihrer Verantwortung für den Armeniergenozid zum Tode verurteilt.

Es stellt sich die Frage, warum Al Hammi mit den Verantwortlichen des Genozides an den Armeniern geflohen war? Im Fall eines Prozesses bestand die Möglichkeit, dass Al Hammi, der unter Befehl von Enver Pascha stand, als Mitverantwortlicher verurteilt worden wäre. Hätte die Entente die Gruppe um die Jungtürken, die nach Deutschland geflohen war, verhaften können, wäre Al Hammi vor ein Gericht für Kriegsverbrecher gestellt worden. Direkte Beweise für eine unmittelbare Verwicklung und Mitverantwortung von Al Hammi liegen aufgrund von Lücken in den Quellen nicht vor. Jedoch ist in diesem Zusammenhang wichtig daran zu erinnern, dass die türkischen Archive bezüglich der Frage des Genozides an den Armeniern bis heute unter Verschluss stehen.[55] Es drängt sich allerdings eine gewisse Logik auf, dass er mitgewirkt haben könnte. Seine Mitverantwortung ist ebenfalls nicht sicher auszuschließen, da er, wie schon erwähnt, dem engen Kreis um Enver Pascha angehörte.

Infolgedessen lässt sich ebenfalls schließen, dass die Möglichkeit besteht, dass Jungtunesier in die Armenier-Frage verwickelt waren. Erstens arbeiteten sie mit den Jungtürken in dieser geschichtlichen Phase, wie oben gezeigt wurde, zusammen. Und zweitens trugen sie als Mitarbeiter eben dieser eine gewisse Ver-

53 Vgl. Hindenburg, Paul, v., Aus meinem Leben, Illustrierte Volksausgabe, Hirzel, Leipzig, 1934, S. 135–136,

54 Vgl. Müller, Herbert Landolin, Islam, Gihad und Deutsches Reich, S 242.

55 Vgl. https://www.sueddeutsche.de/politik/voelkermord-an-armeniern-eu-parlament-fordert-tuerkei-zur-anerkennung-des-genozids-auf-1.2437773.

antwortung. Tatsächlich ist es sehr schwierig, diese Thematik in Tunesien zu diskutieren. Da die Jungtunesier als Gründungsväter der tunesischen Nationalbewegung Heldenstatus genießen, kommt eine dahin gehende Kritik einer Diffamierung gleich. Da die Jungtunesier jedoch mit den Verantwortlichen für den Genozid an den Armeniern kollaborierten und ihre Verbündete waren, können sie zumindest als deren „Mitläufer“ eingestuft werden.

Deutschland zensierte seinerseits 1915 jede öffentliche Debatte über den Genozid an den Armeniern. Es hieß: „*Über die armenische Frage wird am besten geschwiegen. Besonders löblich ist das Verhalten der türkischen Machthaber in dieser Frage nicht.*“[56] Die offizielle Stellungnahme Deutschlands kam vom Reichskanzler Bethmann-Hollweg im Dezember 1915. Er sagt: „*Unser einziges Ziel ist, die Türkei bis zum Ende des Krieges an unserer Seite zu halten, gleichgültig, ob darüber Armenier zu Grunde gehen oder nicht.*“[57]

Die heikle Kontroverse des Genozides an den Armeniern hat an Aktualität nicht verloren. Vielmehr wird in der heutigen Geschichtsforschung die Frage nach der Verantwortlichkeit für den ersten Völkermord im 20. Jahrhundert diskutiert. Deutschland erkannte 2015 seine Mitverantwortlichkeit an. Die Europäische Union, der die Türkei seit Langem beizutreten versucht, forderte die Türkei auf, den Völkermord an den Armeniern anzuerkennen. Anlässlich des 100. Jahrestages des an den Armeniern begangenen Massakers sprach auch der Repräsentant der katholischen Kirche Papst Franziskus von einem Völkermord.[58] Der türkische Staatspräsident Erdogan antwortete: „*Die Äußerungen des EU-Parlaments zu dem Thema sind irrelevant.*“[59] Der türkische Regierungschef Davutoglu warf dem Papst vor, eine Islamphobie zu schüren.[60]

Die türkische Leugnung des Genozides trotz aller Beweise und Archivdokumente zeugt von der Sensibilität des türkischen Staates in Bezug auf die Genozid-Frage, da diese unmittelbar mit der Entstehung der modernen Türkei verbunden ist. Es waren die gleichen Jungtürken, die einerseits die moderne Türkei gegründet haben und als nationale Helden verehrt werden, die andererseits aber die Massaker an den Armeniern verübten. Die Zwiespältigkeit der Nationengründung bildet die Brisanz der Thematik und führte zum Verschweigen der negativen Seite bis heute.

Von Deutschland aus versuchte Enver Pascha, die Reste seiner islamischen Armee mit Einheiten der Roten Armee zu vereinen und mit Lenin gegen den britischen Imperialismus, der ein Auge auf die Ölfelder um Baku geworfen hat-

---

56 Vgl. Kröger, Martin, Revolution als Programm. Ziele und Realität deutscher Orientpolitik im Ersten Weltkrieg, S. 385.

57 Vgl. Kramer, Heinz/Reinkowski, Maurus, Die Türkei und Europa: eine wechselhafte Beziehungsgeschichte, W. Kohlhammer Verlag, Stuttgart, S. 96.

58 Vgl. https://www.sueddeutsche.de/politik/voelkermord-an-armeniern-eu-parlament-fordert-tuerkei-zur-anerkennung-des-genozids-auf-1.2437773, 2015.

59 Ebenda.

60 Ebenda.

te, zu kämpfen. Daher unternahm er in Moskau mit Wladimir Lenin Bündnisverhandlungen, die aber aufgrund von Interessenskonflikten scheiterten. Den Kontakt zu Lenin verschaffte ihm Karl Radek (1885–1939), den Enver und Talat im Gefängnis besuchten.[61] In Moskau konzentrierte er sich auf den Aufbau eines Netzwerkes panislamischer Organisationen. Hilfe erhielt er von deutscher Seite auch insbesondere von rechtskonservativen Kreisen um den Chef der Reichswehr Hans von Seeckt (1866–1936), von den Ultranationalisten um Erich von Ludendorff (1865–1937) sowie von den Unabhängigen Sozialdemokraten.[62] Seit 1920 setzte sich Enver Pascha als der wirkliche Vertreter der Unionisten im Exil und als Gegner des okzidentalen Imperialismus durch.

Seine Annäherung an den Kommunismus versteckte er nicht. Schon in Deutschland versuchte er, eine Symbiose im Sinne einer Anpassung des Islams an den Sozialismus zu entwickeln. Seiner Meinung nach könne der Sozialismus den Islam ergänzen. Als Folge seines Engagements für den Kommunismus schlossen die Unionisten und die Bolschewisten am 11. Januar 1920 eine sogenannte offensive und defensive Allianz ab. Diese sollte eine Konsolidierung des Kampfes gegen den europäischen Imperialismus bewirken.[63] Die Unionisten verpflichteten sich, die islamische Welt gegen die imperialistischen Mächte aufzuwiegeln und gleichzeitig die Propaganda für den Kommunismus im islamischen Raum zu betreiben. Als Gegenleistung lieferten die Bolschewisten den Unionisten Waffen und finanzielle Unterstützung. Unserer Meinung nach stellt diese Allianz eine Radikalisierung der Ansichten der Unionisten dar. Es ging nämlich nicht mehr darum, den Islam dem Sozialismus näher zu bringen, sondern eher ihn Bolschewismus zuzuführen.

In Baku entwickelte Enver Pascha die ersten Grundsätze der türkischen kommunistischen Partei, der Partei der Volksräte. Zu den wichtigsten Programmpunkten gehörte zum Beispiel das Konzept der Genossenschaft (Korporatismus), von dem sich Al Hammi inspirieren ließ. Envers Absicht war, den Islam mit dem Sozialismus in Einklang zu bringen. Dabei kommt das türkische Wort „Şara“ als Übersetzung des Begriffes „Sowjet“ im Programm vor, als ob vom Parteiprogramm eines kommunistischen Staates die Rede wäre. Der von ihm deklarierte Plan, den er vor Lenin bereits während eines Treffens[64] im Sommer

---

61 Dazu siehe von Bahder, Egon, Enver Pascha. Kampf und Tod in Turkestan, Verl. die Wehrmacht, Berlin, 1943, S. 5.

62 Vgl. den Wechselbrief zwischen Enver und von Seeckt in: BArchB, Nachlass Seeckt. Zu Envers Kontakten mit der USPD siehe: AA, Film 4927, Bl. D 551978, in: Höpp, Gerhard, „...Biographie der Raiffeisenorganisation zugewandt“. Der tunesische Gewerkschaftsführer Muhammad Ali al-Hammi und sein Aufenthalt in Berlin, S. 91.

63 Vgl. Dumont, Paul, la fascination du bolchévisme, Enver Pascha et le parti des Soviets populaires, in: Cahiers du Monde Russe et Soviétique 16 (1975), S. 145.

64 Das Treffen, an dem von russischer Seite: Lenin, sein Außenkommissar und ein Berufsdiplomat, und Enver Pascha beteiligt waren fand im Kreml statt. Die Gespräche liefen auf Deutsch. Vgl. von Bahder, Egon, Enver Pascha. Kampf und Tod in Turkestan, S. 5.

1920 ausbreitete, bestand darin, *„aus allen Turkvölkern des alten Russischen Reiches eine föderative Staatengemeinschaft unter dem Schutz Moskaus zu schaffen, mit den wehrfähigen Männern aber über den Pamir gegen Indien zu ziehen und die dort lebenden Mohammedaner von den Engländern zu befreien. Das Taktische bedarf natürlich noch genauer Durcharbeitung und hängt von vielen Umständen verschiedenster Art ab.*“[65] Dies verursachte in den Büros des Quai d'Orsay und des Foreign Office tiefe Sorgen. In Bezug auf die russische finanzielle Hilfe an Enver Pascha schrieb ein in Genf tätiger französischer Diplomat an sein Ministerium:

> „Aus sicherer Quelle erfuhr ich, dass Enver Pascha und seine Partei zurzeit eine Geldsumme von sechsunddreißig Millionen Pfund Sterling zur Verfügung hätten und dass sie die Absicht haben, sie in der bolschewistischen Propaganda zu verwenden.“[66]

Der Kongress der „Völker des Ostens“, der zwischen dem 1. und 8. September 1920 in Baku tagte, repräsentierte den Höhepunkt der Zusammenarbeit zwischen den Jungtürken und den Bolschewisten. Enver Pascha zeigte dem Chef der Bolschewisten gegenüber ein hohes Engagement bezüglich der kommunistischen Weltanschauung. Er schlug den Bolschewisten die Gründung einer Union der islamisch-revolutionären Gesellschaften vor, deren Aufgabe die Verbreitung des antiimperialistischen Kommunismus war. Schon am 20. August 1920 schreibt Enver an Djemal Pascha:

> „Ich werde die Organisation der islamistisch-revolutionären Gesellschaften gründen. Ich werde die Vertreter der Organisation, die sich derzeit in Berlin befinden, zusammenberufen. Ich habe vor, der Sache eine militärische Wendung zu geben. Das heißt, dass ich muslimische Bataillone bilden möchte, die im Frühling zu unserer Rettung an die anatolischen Fronten kommen könnten [...].“[67]

Nach den Gesprächen mit Lenin und Funktionären der Kommunistischen Internationale vor und während des Kongresses über die „Völker des Ostens“ gründete Enver Pascha von Moskau aus die „Union der islamistisch-revolutionären Gesellschaften“ und erklärte die offizielle Bildung der Partei der Volksräte. Das Netzwerk der panislamischen Organisationen, das in Deutschland und Italien ihre wichtigsten Vertretungen hatte, reichte bis in den Nahen Osten hinein. Es stützte sich in starkem Maße auf ehemalige Mitarbeiter der Sonderabteilungen wie der NfO und der TM. In Europa kooperierte die Union insbesonde-

---

65 Ebenda, S. 6–7.

66 Der Originaltext lautet: „Il me revient d'une très bonne source qu'Enver Pascha et son parti auraient actuellement à leur disposition une somme de trente-six millions de livres sterling (!?) qu'ils ont l'intention d'employer à la propagande bolchevique“. Vgl. bibliographische Angabe Nr. 19, AMAEF, sér. E, le vaut 1918–1929, Türkie, dos. 278, f. 35, in: Dumont, Paul, la fascination du bolchévisme, S. 161–162.

67 Der Originaltext lautet: „Je vais mettre sur pied l'organisation des sociétés révolutionnaires islamiques. Je vais faire venir les représentants de l'organisation qui se trouvent actuellement à Berlin. Je compte donner à la chose une tournure militaire. C'est-à-dire que je voudrais constituer des bataillons musulmans qui pourraient, au printemps, venir à notre secours sur les fronts anatoliens“, S. 147–148.

re mit der „League of Oppressed People" Edwin Emersons und der „Lega dei Popoli Oppressi". Der „Orientklub" war das Berliner Zentrum der Union in der Kalckreuth- Ecke Motzstraße.[68] Geleitet wurde es durch Enver Paschas Gefolgsmann Sakib Arslan und den Ägypter Abdelaziz Schawisch. Sprachrohr des Klubs war die in Berlin herausgegebene panislamische Zeitschrift „Liwa el-Islam". Diese versuchte 1921, ihre Leser von der islamisch-russischen Bundesgenossenschaft zu überzeugen und das Bündnis zwischen Islam und Kommunismus zu rechtfertigen. Unter dem Titel „Orient und Russland" gab sie folgendes bekannt:

> „Es gibt manche Menschen, die nicht begreifen können, wie der Orient, besonders die islamische Welt, für Russland Sympathie zeigen kann. Wenn man aber das Unrecht, das die Entente der Türkei zugefügt hat, gut studiert, dann kann man es ganz natürlich finden, wenn die islamische Welt Räterussland für einen natürlichen Bundesgenossen hält... Durch seine verbrecherische Politik gegen die islamische Welt hat England selbst eine mächtige Kraft für Räterussland geschaffen, das ist die islamische Sympathie..."[69]

Auf dem von Enver Pascha in Berlin und Rom organisierten Kongress der Union für die islamisch-revolutionären Gesellschaften suchte er die europäische Unterstützung für sein Unternehmen. Die Protokollergebnisse zeigten, dass der Schwerpunkt auf der Notwendigkeit der Fortsetzung des Kampfes gegen die imperialistischen Mächte lag. Mit dem Sieg der Kemelisten vom 13. September 1921 gegen Griechenland endete die letzte Hoffnung von Enver Pascha, in die Türkei zurückzukehren und die Macht zu erobern. Dies bedeutet für die Unionisten ein totales Scheitern der enverischen Unternehmungen. Enver Pascha schloss sich den Turkmenen Basmdji an, die gegen die Bolschewisten revoltierten, und übernahm dort die Führung der revolutionären Bewegung. Der Unionist kam bei einer kriegerischen Auseinandersetzung mit den Bolschewisten am 4. August 1922 in Beldjuan Tajikistan ums Leben.

Betrachtet man den Verlauf der Verhandlungen, so kann konstatiert werden, dass Enver Pascha zweierleiZiele verfolgte: Er versuchte zunächst einmal, den Bolschewisten seine Sympathie zu zeigen und ihr Vertrauen zu gewinnen. Das zweite Ziel bestand darin, eine Oppositionsplattform zu Mustapha Kemal auszubilden; sein politisches Programm entsprach dem der Oppositionsgruppe „Volksgruppe" um Halk Zümresi.[70] Das Endziel war, die kemelische Herrschaft zu stürzen. Zur Verwirklichung seines Programms erhielt Enver Pascha materielle Unterstützung, deren Fonds für die Finanzierung der Union für die isla-

---

68 Vgl. Höpp, Gerhard, „...Biographie der Raiffeisenorganisation zugewandt". Der tunesische Gewerkschaftsführer Muhammad Ali al-Hammi und sein Aufenthalt in Berlin, 1919–1924", S. 92.

69 Vgl. Liwa el-Islam 2/1921: 6f.

70 Die Oppositionsgruppe Halk Zümresi, deren Begründer zum Zentralkomitee der Union und Fortschritt angehörten, unternahm enge Kontakte zu Enver Pascha und den Unionisten im Exil. Dazu siehe: Dumont, Paul, la fascination du bolchévisme, S. 151.

misch-revolutionären Gesellschaften und der Partei der Volksräte gedacht waren.

Die politische Erfahrung von Enver kann in drei Phasen gegliedert werden: Im Krieg kooperierte er mit der NfO gegen die Entente. Er war der Ansprechpartner der Deutschen und Vertreter der deutschen Orientpolitik in der Türkei. Die zweite Phase betrifft seinen illegalen Aufenthalt in Deutschland und die dritte ist die Phase des sozialistischen Islams. Hervorzuheben ist hier, dass er in jeder Phase als eine andere Person auftrat. Sein Interesse an den Bolschewisten war kurzfristig und an den Bedürfnissen der Stunde ausgerichtet. Zum Schluss spielte er eine wichtige Rolle nicht nur in der türkisch-deutschen, sondern auch in der arabischen Geschichte. Seine Allianz mit dem Kommunismus ähnelt der von Al Hammi mit den kommunistischen Kreisen in Tunis und vor allem mit Jean-Paul Finidori.

Man kann Parallelen zwischen dem ideologischen Hintergrund von Enver Pascha und Muhammed Ali Al Hammi ziehen. Beide vertreten panislamische und sozialistische Ideen und beide unternahmen den Versuch einer Umsetzung dieses sozialistischen und panislamischen Gedankengutes. Dies zeigt sich vor allem in ihren Anpassungsversuchen des Islams an den Sozialismus. Der ideologische Einfluss von Enver Pascha auf Al Hammi ist spürbar. Diese ideologische Nähe wird in den in Tunesien gehaltenen Reden von Al Hammi offensichtlich.

In den folgenden Ausschnitten aus den Reden Al Hammis wird deutlich, wie sich die panislamische Gedankenwelt und die sozialistische Weltauffassung durchdringen. In seiner Rede von Metlaoui (Dezember 1924) zeigt sich, wie wirksam und überzeugend der identitäre Islamdiskurs für die Mobilisierung der Arbeitermassen eingesetzt werden konnte. Diese identitären Reden, in denen der Glaube eine zentrale Rolle spielt, trugen dazu bei, die tunesischen Arbeiter von der Unentbehrlichkeit des sozialen Engagements zu überzeugen. Obwohl Al Hammi anfangs von vielen Bergarbeitern als Agent der Kolonialregierung abgelehnt wurde, gelang es ihm schließlich, sie für sich zu gewinnen. Al Hammi sprach folgende Worte:

> „Meine Brüder erlaubt mir, zum letzten Mal mit euch zu reden. Ihr könnt nun entweder meiner Gewerkschaft beitreten oder sie zurückweisen. Ich will euch eine Frage stellen: Seid ihr Muslime?
> - Sie antworteten: Ja.
> - Glaubt ihr an die koranischen Verse, wenn sie rezitiert werden?
> - Sie sagten: Ohne Zweifel
> - So hört mir zu: Allah, der Erhabene, sagt: „Ihr seid die beste Gemeinschaft, die unter den Menschen hervorgebracht worden ist.“[71]

Die Anspielung auf den identitären Islamdiskurs offenbart den ideologischen Hintergrund von Al Hammi. Das Ziel war, die Bergarbeiter davon zu überzeu-

---

[71] Vgl. Auszug aus der Rede von Al Hammi (Dezember 1924), in: Tabbabi, Hfaiedh, Muhammed Ali Al-Hammi (1890–1928), S. 97.

gen, der von ihm gegründeten Gewerkschaft beizutreten. Der Gebrauch koranischer Verse in einem gewerkschaftlichen und politischen Diskurs verweist auf den bewussten Einsatz religiöser Elemente für politische Zwecke. Diese Art Rhetorik erlernte Al Hammi im Kreis um Enver Pascha.

Im Rahmen der Auseinandersetzung von Al Hammi mit den französischen Behörden, wurde er im Januar 1925 vom französischen Sicherheitskommissar Campana einberufen. Campana warf Al Hammi vor, er habe die Bergarbeiter mittels koranischer Verse gegen die Franzosen aufhetzen wollen:

> „Ich wusste, dass Sie in Metlaoui waren. Dort haben Sie die Religion verwendet und haben vor den Bergarbeitern koranische Verse rezitiert, um sie gegen uns aufzubringen. Dies deutet darauf hin, dass Ihre Bewegung eine religiöse Richtung hat.“ [72]

Die oben angeführten Zitate verweisen auf die Instrumentalisierung der Religion in einem politischen und gewerkschaftlichen Diskurs. Das Politische und das Religiöse fließen in diesem Kontext zusammen. Der Panislamismus und die Exilerfahrung von Al Hammi haben bei ihm zweifelsohne den islamischen identitären Diskurs gestärkt. Im Grunde genommen lässt sich Al Hammi von den von Enver Pascha 1920 in Baku 1920 entwickelten Ideen der Genossenschaft und den Anpassungsversuchen des Sozialismus an den Islam inspirieren. Aufgrund der Vorherrschaft des Bolschewismus hatte die panislamische Ideologie, vertreten von Enver Pascha, das sozialistische Gedankengut in sich aufgenommen. Nach der Unabhängigkeit versuchten mehrere arabische und islamische Staaten, dieses Modell der Verbindung von Islam und Sozialismus umzusetzen. Als Musterbeispiel kann man Libyen unter der Herrschaft Gaddafis anführen. Sogar fundamentalistische islamische Bewegungen haben im 20. Jahrhundert viele Komponenten der sozialistischen Ideologie übernommen.

Weder in den deutschen und französischen Schriften, noch in der tunesischen Literatur wird Al Hammis Alltag von 1911/1912 bis 1924 erwähnt, es gibt nur wenige Spuren verstreuter Aktivitäten. Als er im März 1924, das heißt nach über zehn Jahren des Exils nach Tunis zurückkehrte, brachte er seine praktische Erfahrung im politischen Antikolonialismus, den er in der „Union der islamisch-revolutionären Gesellschaften“ und im „Orientklub“ verinnerlicht und in der Publizistik praktiziert hatte, mit. In einer Mischung aus politischem Kalkül und ideologischen Gründen knüpfte die Union enge Verbindungen zwischen Islam und Sozialismus. Al Hammi, der sich als „Kämpfer“ der Union verstand, wurde zum Träger dieser Interessensehe. Im Gegensatz zu den bisherigen tunesischen geschichtlichen Darstellungen über Al Hammi, insbesondere von den tunesischen linken Kreisen, spielt der Panislamismus in Al Hammis Leben nicht nur eine marginale Rolle. Sein Engagement für die Union entlarvt seinen ideologischen Hintergrund. Er hat in zwei Schulen gelernt und war hauptsäch-

---

[72] Vgl. Streitgespräch zwischen dem französischen Kommissar Campana und Al Hammi, in: Tabbabi, Hfaiedh, Muhammed Ali Al-Hammi (1890–1928), S. 115.

lich von zwei Kulturen geprägt, nämlich der orientalischen und der deutschen Kultur.

Der in Deutschland während und vor allem nach dem Krieg aufblühende Panislamismus unter dem Dach der Union der islamisch-revolutionären Gesellschaften sowie der Aktivismus der arabischen und islamischen Freiheitsbewegungen räumten Al Hammi die Möglichkeit ein, Kontakte zu politischen Schlüsselfiguren wie Salih al Sharif al Tunisi, Ali Basch Hamba, Sakib Arslan und dem Iraner Abdulrahman Saif aufzunehmen. Darüber hinaus trug sein Studium an der Berliner Friedrich-Wilhelms-Universität dazu bei, seinen Weg in die Politik und in das gewerkschaftliche Engagement zu ebnen.

Was diesen Gesichtspunkt zusätzlich unterstützt, war seine Tätigkeit in der Studentenvertretung an der Berliner Universität, die ihm erlaubte, seine eigene gewerkschaftliche Erfahrung zu vertiefen. Die vielseitigen Aktivitäten in der Studentenvertretung gaben Al Hammi die Möglichkeit, den gewerkschaftlichen Kampf zu praktizieren. Zudem stellt sein hohes Interesse an der Publizistik in Berlin einen wichtigen Punkt dar. Die arabisch-islamische Presse erlebte zu Beginn der zwanziger Jahre einen Aufschwung, welcher der Union der islamisch-revolutionären Gesellschaften und dem Orientklub zu verdanken war. Diese waren panislamisch, nationalistisch und beeinflussten Al Hammi. Erwähnenswert sind an dieser Stelle auch die starken Kontakte, welche die Panislamisten tatsächlich mit der Linken geknüpft haben. Salih al Sharif war der Vorsitzende des am 7. Januar 1916 in Berlin gegründeten „algerisch-tunesischen Unabhängigkeitsausschusses" und Sakib Arslan war der arabische Vertreter der im Februar 1927 in Brüssel gegründeten „Liga gegen Imperialismus und für nationale Unabhängigkeit".

Zur Zeit der Gründung der Weimarer Republik war Berlin, wie oben angeführt, ein „Sammelpunkt von unzufriedenen Mohammedanern".[73] Diese Beschreibung kann man erst in der Auseinandersetzung mit der arabischen und islamischen Presse in Berlin der Zwischenkriegszeit verstehen. Ob die junge Republik tatsächlich eine Orientpolitik betreiben konnte, ist sehr zu bezweifeln.[74] Sie ebnete Al Hammi aber den Weg für seine künftige Rolle in Tunesien. Unsere Forschung ist zu dem Ergebnis gekommen, dass Al Hammi Ende 1918 mit Enver Pascha in Deutschland landete. Er hat folglich die politischen und sozialen Umwälzungen bei der Entstehung der Weimarer Republik miterlebt. Mit

---

[73] Vgl. Höpp, Gerhard, Arabische und islamische Periodika in Berlin und Brandenburg 1915–1945. Geschichtlicher Abriss und Bibliographie, S. 18.

[74] Nach dem Krieg verlor Deutschland sein internationales Gewicht. Die junge Republik konzentrierte sich auf Fragen wie Kultur, Handel und Wissenschaft. Aus der Weltpolitik und der Orientpolitik wurde die Weimarer Republik durch die Sieger ausgeschlossen. Zu diesem Thema siehe: Schwanitz, Wolfgang G., Paschas, Politiker und Paradigmen: Deutsche Politik im Nahen und Mittleren Orient 1871–1945, in: Comparativ 1/2004 (Zeitschrift für Globalgeschichte und vergleichende Gesellschaftsforschung), Leipzig 2004, S. 13.

anderen Worten ist er sowohl mit dem Panislamismus als auch dem Kommunismus beziehungsweise Bolschewismus in Berührung gekommen. Dass Al Hammi, wie Eqbal Ahmad und Stuart Schaar[75] sowie Werner Plum[76] vermuten, Einblicke in die deutsche Arbeiterbewegung hatte, bleibt eine unbelegte Hypothese, bei der Vorsicht geboten ist. 1924 nahm Al Hammi seine Eindrücke mit und kehrte in die kolonisierte Heimat zurück.

In Tunesien hingegen erfuhr die politische Szene einen kompletten Neuanfang. Als Folge von Wilsons 14-Punkte-Plan erfuhren die europäischen Kolonien eine neue Konjunktur. Der amerikanische Präsident Thomas Woodrow Wilson sah die Selbstbestimmung und die wirtschaftliche Unabhängigkeit der Völker vor. Dies manifestierte sich in der Gründung verschiedener politischer Gruppierungen, die sich 1920 zur „Destour“-Partei vereinigten. Im Frühling 1920 gründete diese Fortführung der Jungtunesier die Freie Konstitutionelle Partei (FKP), deren Programm das Werk von Taalbi „La Tunisie Martyre“ ausmachte.[77] Der Vorstand bestand aus bekannten Persönlichkeiten wie Ahmed Sakka, Ali Kahia, Ahmed Essafi, Hassen Guellaty, Mohamed Nomane und Sadok Zmerli.[78] Safi wurde zum Generalsekretär und Taalbi zum Präsidenten gewählt.

Die divergierenden Forderungen der Destouriens waren der Grund dafür, dass sie sich in Nationalblöcke zersplitterten. Neben den Destouriens im Ausland[79], die die totale Unabhängigkeit Tunesiens forderten stand die Gruppe mit dem Slogan „Tunesien den Tunesiern“, die eine tunesische Verfassung verlangte, sowie eine dritte Richtung, nämlich die der Reformisten unter Hassen Guellaty und Muhammed Nomane. Diese Divergenz bezüglich der Forderungen der Destour-Partei führte zur Abspaltung der „Parti destourien indépendant“ (Verfassungsunabhängige Partei) am 16. April 1921 als rivalisierende Partei. Auf dem Kongress der FKP im Juni 1921 wurden erneut Taalbi als Präsident und Safi als Generalsekretär gewählt.[80] Ende 1921 existierten in der tunesischen politischen Szene zwei Parteien, nämlich die „Destouriens“ und die Reformisten.[81] Parallel dazu gründeten Robert Louzon, Paul Finidori, Muhammed Bourguiba und Jean P. Joubert die kommunistische Partei in Tunesien, die der französischen kommunistischen Sektion angehörte.[82] Ihnen trat auch Mokhtar

75 Vgl. Schaar, Ahmad, Eqbal und Schaar, Stuart „M'hamed Ali et les fondements du mouvement syndical tunisien“, in: Les Africains Bd 11, 1978, S. 19.

76 Vgl. Plum, Werner, Gewerkschaften im Maghreb. UGTT, UMT, UGTA, S. 21.

77 Vgl. Goldstein, Daniel, Libération ou annexion, Aux chemins croisés de l'histoire tunisienne 1914–1922, Maison tunisienne de l'Edition 1978, S. 293.

78 Vgl. Kraiem, Nationalisme et syndicalisme en Tunisie 1918–1929, S. 157.

79 Die Destouriens des Auslands gruppierten sich um Muhammed Basch-Hamba, Salih al Sharif al Tunisi und Muhammed al Khidr Husein.

80 Vgl. Kraiem, Nationalisme et syndicalisme en Tunisie 1918–1929, S. 334.

81 Vgl. Tabbabi, Hfaiedh, Muhammed Ali al-Hammi (1890–1928), S. 23.

82 Vgl. Kraiem, Nationalisme et syndicalisme en Tunisie 1918–1929, S. 353.

Ayari bei. Presseorgan der Partei war der „Avenir Social" (Soziale Zukunft), eine Zeitung, in der Al Hammi seine Auffassung von der CGTT betrieb.

6. Schlussbetrachtung

Im Gegensatz zu den etablierten Biographien vom Gründer der tunesischen Gewerkschaftsbewegung Muhammed Ali Al Hammi untersuchte diese Arbeit das Leben und Wirken des Vaters der tunesischen Gewerkschaft aus dem Blickwinkel der damaligen Geopolitik. Die Exilerfahrung Muhammed Ali Al Hammis in Nordafrika, Konstantinopel und Berlin trug dazu bei, das Wohl der tunesischen Arbeiter unter der Kolonialherrschaft Frankreichs zu fördern, viele Aspekte seiner Lebensjahre im Ausland blieben bis heute jedoch unerforscht. So wurde die Rolle des Panislamismus im Leben von Al Hammi bisher von tunesischen Historikern fast nicht untersucht. Im Rahmen meiner Forschungsaufenthalte in Frankreich und in Deutschland sowie meiner Beschäftigung mit der deutschen Gewerkschaftsbewegung nach 1945 und der Mitbestimmungsfrage im Saargebiet (1945–1955) haben insbesondere die Arbeiten von Gerhard Höpp meine Aufmerksamkeit auf die panislamische Dimension im Leben des Vaters der tunesischen Gewerkschaft gelenkt. Diese panislamische Dimension, die sowohl Al Hammi als auch die Jungtunesier betrifft, kann meines Erachtens nur unter Einbeziehung der Netzwerke, die vom Wilhelminischen Reich und seinem türkischen Verbündeten entwickelt worden sind, erläutert werden. In diesem internationalen historischen Kontext waren die Jungtunesier und Al Hammi, der sich in diesem Kreis bewegte, nur Bauernfiguren auf einem großen geopolitischen Schachbrett. Man könnte sogar behaupten, dass die aufstrebende Weltmacht Deutschland eine Pionierarbeit bezüglich der Instrumentalisierung des Islams leistete. Max von Oppenheim konzipierte in diesem Sinne eine moderne deutsche Denkfabrik, die als späteres Vorbild für die verdeckten Operationen der CIA im Kalten Krieg gilt. Die Geschichte dieser Art der Kriegsführung wiederholte sich demnach innerhalb anderer geopolitischer Kontexte.

Berlin stellte am Beginn des 20. Jahrhunderts die europäische Plattform für die Panislamisten, die gegen die Entente-Mächte für die Befreiung ihrer Länder kämpften. Zur „Berliner Djihadisierung des Islams“ schreibt Ian Johnson:

> „Um den Deutschen Einfluss im Osten zu erweitern rüstete sich Anfang des 20. Jahrhunderts Kaiser Wilhelm II. in der Gewandung eines Sultans für seine groß angelegte Reise nach Konstantinopel und Damaskus. Während des Ersten Weltkriegs überzeugte ein deutscher Diplomat den osmanischen Kalifen – das religiöse Oberhaupt der muslimischen Welt – von der Notwendigkeit, einen Heiligen Krieg gegen die alliierten Mächte auszurufen. Mancher Historiker hält dies für den ersten modernen Dschihad.“[1]

---

[1] Vgl. Johnson, Ian, Die vierte Moschee: Nazis, CIA und der islamische Fundamentalismus, S. 32–33. Dazu siehe auch Schwanitz, Wolfgang G., Die Berliner Djihadisierung des Islam. Wie Max von Oppenheim die islamische Revolution schürte, in: Konrad-Adenauer-Stiftung, Auslandsinformationen, 2004, S. 17–37.

Nachdem die Entente-Mächte Ende 1918 in Konstantinopel einmarschierten, floh Al Hammi nach langjähriger Mitarbeit im Dienste des türkischen Kriegsministers Enver Pascha nach Berlin. Al Hammis Berliner Jahre fielen mit der Revolution der Arbeiterräte, der Gründung der Weimarer Republik und den politischen, sozialen und wirtschaftlichen Krisen, die diese Republik erschütterten, zusammen. In Berlin kam er in Berührung mit verschiedenen Organisationen und Vereinen wie der Union der islamisch-revolutionären Gesellschaften, dem Orientklub, der Studentenvereinigung der Wilhelminischen Universität und mit berühmten Panislamisten und arabischen Parteiführern. Dieses multikulturelle Milieu, das manchmal paradoxe Perspektiven wie die Verknüpfung von Sozialismus und Panislamismus hervorbrachte, beeinflusste Al Hammis Laufbahn. Berlin tolerierte damals, ja förderte sogar den Aufbau eines Netzwerkes panislamischer Organisationen mit Sitz in Berlin, das auch die maghrebinischen Unabhängigkeitsbewegungen gegen die französische Besatzungsmacht unterstützte. Bekanntermaßen hatte schon das Deutsche Kaiserreich aus seinen Sympathien für die Befreiungsbewegungen der muslimischen Länder keinen Hehl gemacht. Es unterstützte die „Revolutionierung“ der unter der Herrschaft der Entente-Mächte stehenden Völker in Asien und Afrika. In diesem Zusammenhang erzählt der tunesische Nationalist Slimane Ben Slimane, dass sein Bruder 1916 von den französischen Protektoratsbehörden verhaftet wurde, weil er sang: *Oh! Tunesien warum bist Du so traurig! Morgen kommen die Retter, die Deutschen!*[2] Daran wird deutlich, wie tief der Mythos der Deutschen als „Erlöser“ von der französischen Kolonialpolitik im kollektiven Bewusstsein der Tunesier verwurzelt war.

Trotz seines nachhaltigen Beitrags zur Entwicklung der tunesischen Nationalbewegung durch die Gründung der CGTT gegen den Willen der französischen Kolonialverwaltung im Jahre 1924 sind auch einige Kritikpunkte an Al Hammi aufgrund der zuvor durchgeführten Analyse auszumachen. Denn wie die historischen Ereignisse aufzeigten, war er zwischen 1911/1912 und 1922 Enver Pascha zugeordnet und stand ihm nahe. Zur Erinnerung, Enver und Talat Pascha gelten in der Forschungsgeschichte als die Verantwortlichen des ersten Völkermordes im 20. Jahrhundert.[3] Allerdings werden beide in der Türkei bis heute als Nationalhelden verehrt. Als Verbündeter der Osmanen im Ersten Weltkrieg erkannte Deutschland seinerseits am 2. Juni 2015 seine Mitverantwortlichkeit an diesem Völkermord an, ein Begriff, den die Türken bis dato scharf zurückweisen. Dass Al Hammi und die Jungtunesier in den Genozid an den Armeniern aufgrund ihrer Zugehörigkeit zum deutsch-türkischen Netzwerk unmittelbar verstrickt gewesen waren, kann aufgrund fehlender Quellen

2 Vgl. Ben Slimane, Slimane, souvenirs politiques, Cérès productions, Tunis, 1989, S. 158. Der Originaltext lautet: *yā tūnis ᶜlā ḫazīna kānik ᶜlā lalmān udwa ya īnā.*

3 Vgl. Wiegrefe, Klaus, Völkermord an den Armeniern: Geschichte des Grauens. Der Text stammt aus dem Spiegel-Archiv. Er erschien in der Ausgabe 16/2005.

nicht nachgewiesen werden. Ihre Mitverantwortung ist jedoch nicht auszuschließen, da sie jahrelang mit der zentralen türkischen Schlüsselfigur Enver Pascha kollaborierten.

Im Rahmen des Geo-Imperialismus am Beginn des 20. Jahrhunderts haben sich die europäischen Großmächte wie England, Frankreich, Russland und Deutschland systematisch mit der Instrumentalisierung des Islams als Waffe befasst. Während England sich des Panarabismus bediente, fokussierte das Kaiserreich den Panislamismus. Die islamische Welt war einer neuen Konstellation ausgesetzt: Die Osmanen und arabische sowie muslimische Exilanten verbündeten sich in diesem historischen Kontext mit dem Kaiserreich.

Der aktuelle globalisierte Djihad stellt sich letztenendes als nichts anderes als eine Fortsetzung der deutschen Geopolitik zwischen 1888 und 1945 dar. Die Amerikaner haben nach dem Zweiten Weltkrieg in Bezug auf die Instrumentalisierung des Djihads als geostrategische Waffe die deutsche Taktik übernommen.

Die Interessensehe zwischen den Osmanen und Wilhelm II. vor und während des Ersten Weltkrieges beruhte auf der Operationalisierung des Islam-Djihads als Instrument gegen die Entente-Mächte. Deutsche Geostrategen, Orientalisten, Politiker und Propagandisten haben ihre „Liebe“[4] zum Islam entdeckt. Die deutsche Denkschrift „Die Revolutionierung der islamischen Gebiete unserer Feinde“[5] stellt meines Wissens einen der ersten Pläne dar, der den Begriff Djihad für politische Zwecke instrumentalisierte. *Abu Djihad* (Max von Oppenheim) und *Hadji* Wilhelm II. waren die Drahtzieher dieser Strategie.

Oppenheims Plan fand auch Gehör bei den Nationalsozialisten. Obwohl er jüdische Wurzeln hatte, legte Oppenheim dem nationalsozialistischen Regime 1940 erneut einen Plan vor, der den Islam-Djihad für deutsche Zwecke instrumentalisieren sollte. Es war sein zweiter Plan zur Revolutionierung der islamischen Gebiete.[6] Obwohl diesmal nicht von einem Sultan-Kalifen die Rede war, blieb die Grundidee maßgebend. Hitler nutzte den jüdisch-arabischen Konflikt im Nahen Osten aus und machte Jerusalems Mufti Amin al-Husaini, mit dem er sich assoziierte, zu seinem Instrument. Der neue Scheich reagierte schnell und rief den Djihad für den Orient in den Radiosendungen der Deutschen aus.[7] Der Turkologe Gerhard von Mende entwickelte anschließend im Ostministerium die Arbeit von Max von Oppenheim weiter.

---

4 Vgl. Müller, Herbert Landolin, Islam, ğihād (Heiliger Krieg) und Deutsches Reich, S. 176.

5 Vgl. Schwanitz, Wolfgang G., Djihad „Made in Germany“: Der Streit um den Heiligen Krieg 1914–1915.

6 Vgl. Schwanitz, Wolfgang G., Max von Oppenheim und der Heilige Krieg. Zwei Denkschriften zur Revolutionierung islamischer Gebiete 1914–1940, S. 39–55.

7 Vgl. Schwanitz, Wolfgang G., Paschas, Politiker und Paradigmen: Deutsche Politik im Nahen und Mittleren Orient 1871–1945, S. 22–45.

Die Politik des amerikanischen Geheimdienstes kann im Rahmen des Kalten Krieges ebenfalls als Weiterführung dieser deutschen Politik gesehen werden. Die „Central Intelligence Agency“ (CIA) übernahm die deutsche Taktik und instrumentalisierte den politischen Islam für ihre Ambitionen bezüglich einer amerikanischen Vormachtstellung in der Welt.[8] Obwohl der Kalte Krieg mit dem Fall der Berliner Mauer 1989 und der Auflösung des kommunistischen Ostblocks endete, entwickelt die „einzige Weltmacht“ USA bis heute eine strategisch-gesteuerte und verdeckte Kriegsführung[9], in welcher der politische Islam eine zentrale Rolle spielt. Die NATO-Osterweiterung[10] hat durch völkerrechtswidrige Kriege[11] zur Destabilisierung der Welt beigetragen. Anstatt den Weltfrieden zu fördern und zu sichern, sabotierten die NATO-Länder durch illegale Kriege systematisch die UNO und das in der UNO-Charta verankerte Gewaltverbot.[12] Die von den USA geführte westliche Geopolitik instrumentalisierte den Islam, insbesondere den Djihad, für ihre Zwecke. Diese fragwürdige Allianz zwischen der NATO und dem Islam-Djihad führte nicht zum Frieden, sondern zu grausamen Kriegsverbrechen gegen die Menschheit. Die westliche Geopolitik macht seit etwa einem Jahrhundert den Bock zum Gärtner und wundert sich zugleich, dass Muslime sich immer mehr radikalisieren. Wir stehen heute vor dem Abgrund eines Dritten Weltkrieges und erleben eine gezielte Instrumentalisierung des Djihads. Gefragt nach der Rolle der USA in der Gründung der Mujaheddin in Afghanistan und der Instrumentalisierung des Islams, behauptete Zbigniew Brzezinski 1998, dass die ersten Kontakte zwischen den Mujaheddin und den Amerikanern auf 1979 zurückzuführen sind. Vielmehr gestand er, dass die USA im Rahmen ihres geopolitischen Konflikts mit dem Sowjet-Regime hinter der Gründung des Islam-Djihads waren:

> „In der offiziellen Version der Weltgeschichte begann die Unterstützung der Mudschaheddin durch die CIA in den 1980er Jahren, sprich nach dem Einmarsch der Sowjet-Truppen in Afghanistan [am] 24. Dezember 1979. Die bisher gut behütete Realität dahinter sieht jedoch völlig anders aus. Tatsächlich unterzeichnete Präsident Carter den ersten Befehl zur verdeckten Unterstützung der Gegner des pro-sowjetischen Regimes in Kabul bereits am 03. Juli 1979. Am gleichen Tag schrieb ich dem Präsidenten eine Nachricht, in der ich ihn darauf hinwies, dass meiner Ansicht nach diese Unterstützung unweigerlich zu einer sowjetischen Militärintervention führen würde.“[13]

---

8 Vgl. Johnson, Ian, Die vierte Moschee: Nazis, CIA und der islamische Fundamentalismus, S. 124–125.

9 Ganser, Daniele, Nato-Geheimarmeen in Europa: Inszenierter Terror und verdeckte Kriegsführung, Orell Füssli, Zürich, 2009.

10 Vgl. Brzezinski, Zbigniew, Die einzige Weltmacht. Amerikas Strategie der Vorherrschaft, Fischer, Frankfurt am Main, 2001, S. 53-88.

11 Vgl. Ganser, Daniele, Illegale Kriege. Wie die NATO-Länder die UNO sabotieren. Eine Chronik von Kuba bis Syrien, S. 51 ff .

12 Ebenda, S. 17-23.

13 Vgl. Chossudovsky, Michel, Der inszenierte Terrorismus: Die CIA und Al Qaida, in: https://www.hintergrund.de/politik/welt/der-inszenierte-terrorrismus-die-cia-und-al-qaida

Die islamische Büchse, die der US-Präsident Jimmy Carter und sein Berater Zbigniew Brzezinski 1979 öffneten, sicherte den Sieg und die Dominanz der USA. Mit Hilfe dieser subversiven und wirksamen Waffe haben die nachfolgenden US-Regierungen die gleiche Politik der Instrumentalisierung des Islams fortgesetzt und perfektioniert. Der Aufbau von Al Qaida und des islamischen Staates verdankt man in Wirklichkeit der schizophrenen und fragwürdigen Geopolitik der USA. Sowohl Daniele Ganser als auch Noam Chomsky entlarven in Bezug auf den arabischen Frühling diese skandalöse Politik:

„Während des Präsidentschaftswahlkampfs 2016 zwischen Donald Trump und Hillary Clinton wurde nur selten darauf hingewiesen, dass Hillary Clinton ganz maßgeblich am Sturz von Gaddafi und an der Zerstörung von Libyen beteiligt gewesen war. ‚Hillary Clinton war sehr für die Bombardierung von Libyen', erinnert der Amerikaner Noam Chomsky. ‚Sie war eine der Anführer des Krieges, der Libyen und seine funktionierende Gesellschaft zerschlagen hat.' Nun sei das Land in der Hand von bewaffneten Milizen ‚und ISIS und Dschihadisten breiten sich in Nordafrika aus', kritisiert Chomsky. ‚Das passiert eben wenn man nicht weiß, was man tut, und verletzliche Systeme mit dem Vorschlaghammer bearbeitet'."[14]

Diskurse über Integration und Dialog der Kulturen bleiben deswegen belanglos, solange man sie unabhängig von der westlichen Geopolitik behandelt. Was Geostrategen wie Max von Oppenheim, Gerhard von Mende oder auch Zbigniew Brzezinski angerichtet haben, ist leider irreparabel. Ian Johnson schreibt zur „genialen" Politik des Strategen von Mendes bezüglich der Integration muslimischer Minderheiten nach dem Zweiten Weltkrieg in Deutschland:

> „Die Krux des Ganzen sei, dass die Exilanten, wenn sie sich nicht assimilieren, keine Arbeit finden und in der bundesdeutschen Gesellschaft für immer Außenseiter bleiben würden. Wenn sie sich aber tatsächlich in die Kultur ihrer Umgebung integrieren, dann wären sie für die westlichen Länder wiederum unnütz, weil deren antikommunistische Propaganda keine gut angepassten Einwanderer vorsah, sondern leidende Exilanten. Mende befürchtete, dass eine falsche Handhabung der Flüchtlinge ‚der Moral der Emigranten und der psychologischen Kriegsführung des Westens schaden'."[15]

Zusammenfassend kann man feststellen, dass Muhammed Ali Al Hammi ein panislamischer Patriot war. Dass er kein Kommunist gewesen ist, bestätigt der italienische Gründer der kommunistischen Partei von Tunesien:

> „Muhammed Ali war kein Kommunist... Er war ein patriotischer Mann, der die Gründung einer freien Gewerkschaft in einer unabhängigen Heimat anstrebte. Ja, er war

---

/. Siehe auch: Cockburn, Alexander/St. Clair, Jeffrey, How Jimmy Carter and I Started the Mujahideen, in: https://www.counterpunch.org/1998/01/15/how-jimmy-carter-and-i-started-the-mujahideen/.

14 Vgl. Ganser, Daniele, Illegale Kriege. Wie die NATO-Länder die UNO sabotieren. Eine Chronik von Kuba bis Syrien, S. 249.

15 Vgl. Johnson, Ian, Die vierte Moschee, Nazis, CIA und der islamische Fundamentalismus, S. 88–89.

> mein Freund … Ich habe ihm die ‚Avenir social' zur Verfügung gestellt. Denn ich war ein internationaler Kommunist. Muhammed Ali war Gewerkschafter… heimattreu… revolutionär. Wir waren enge Freunde".[16]

Im Spannungsfeld der modernen imperialen Geopolitik und der Instrumentalisierung bzw. Radikalisierung des politischen Islams verstrickten sich die tunesischen Panislamisten, unter ihnen Muhammed Ali Al Hammi, in ein riskantes und brisantes geostrategisches Spiel, das fatale Folgen hatte. Allerdings ist aus ihm kein Islamist beziehungsweise Djihadist im heutigen Sinne zu machen. Diese Begriffe werden heutzutage inflationär verwendet. Dazu sagt Ian Johnson:

> „Seit den Angriffen auf New York und Washington 2001 wird der Begriff Islamist inflationär, mit negativer Konnotation und fast schon als Synonym für ‚Terrorist' gebraucht".[17]

Mit anderen Worten war Al Hammi kein radikaler Vertreter des Djihads im heutigen Sinne oder der kommunistischen Ideologie. Um die ureigenen Beweggründe für die Strategien dieses Kampfes und die Herausbildung der politischen Strömungen, die die Geschichte Tunesiens bis heute bestimmen, umfassender verstehen zu können, gilt es, alle verfügbaren biographischen und geopolitischen Ereignisse in die Geschichtsschreibung Tunesiens einfließen zu lassen und nicht aus falschverstandener Loyalität gegenüber nationalen Helden bestimmte Fakten zu verschweigen.

---

16 Zitiert nach Muhammed Ali Belhula: Belhula, Muhammed Ali, Muhammed Ali wa ḫawādithu al-ayām, S. 172.
Der Originaltext lautet: „Lam yakun Muhammad Ali shiyūᶜiyan bal kāna radjulan wataniyan yasᶜā fī ᶜazmin 'ilā takwīni naḳābatin mustaḳilatin fī watanin mustaḳilin, naᶜam kāna Muhammad Ali sadīḳī (…). Fatḫtu lahu ‚L'avenir social' (…). Faḳad kuntu shiyūᶜiyan 'umamiyan. Wa kāna Muhammad Ali naḳābiyan… wataniyan… thāiran wa ḳad kunā ṣadīḳayni fiᶜlan.

17 Vgl. Johnson, Ian, Die vierte Moschee, Nazis, CIA und der islamische Fundamentalismus, S. 135–136.

Quellen- und Literaturverzeichnis

1. Quelleneditionen

Die Große Politik der Europäischen Kabinette 1871–1914 (1924–27): Sammlung der Diplomatischen Akten des Auswärtigen Amts, hrsg. von Lepsius, J. Mendelssohn-Bartholdy, A., Thimme, F., 40 Bde., Berlin.

Das amtliche deutsche Aktenmaterial zur auswärtigen Politik 1871–1914 (1928): Die auswärtige Politik des Deutschen Reiches, 1871–1914, hrsg. vom Institut für Auswärtige Politik Hamburg, Berlin.

Die deutschen Dokumente zum Kriegsausbruch (1919): hrsg. von Kautsky, K. , Montgelas, M., 5 Bde., Berlin.

Al Haddad, Tahar (1999): al-cumāl al tūnysiyūn wa ẕuhūr al ḫaraka al-naḳābiya (al-acmāl al- kāmiatu, alm'udjaladu al-thānī), al-dar al-carabiyatu lilkitāb, tūnis.

Khoury, Adel Theodor/Hagemann, Ludwig/Heine, Peter (1991): Islam Lexikon, Geschichte – Ideen – Gestalten, Band 2 G-N, Herder, Freiburg.

2. Deutsch- und Französischsprachige Literatur

Abdelmoula, Mahmoud (1999): Le mouvement patriotique de libération en Tunisie et le panislamisme (1906–1920), Editions MTM, Tunis.

Adatepe, Sabine (2002): Die deutsch-osmanischen Beziehungen, in: Böer, Ingeborg/Haerkötter, Ruth/Klappert, Petra (Hrsg.), Türken in Berlin 1871–1945: eine Metropole in den Erinnerungen osmanischer und türkischer Zeitzeugen, Berlin, New York.

Amirpur, Katajun (2013): Den Islam neu Denken. Der Dschihad für Demokratie, Freiheit und Frauenrechte, C. H. Beck, München.

Bahder, Egon v. (1943): Enver Pascha. Kampf und Tod in Turkestan, Verl. die Wehrmacht, Berlin

Bartmuss, Hans Joachim (Hrsg.) (1967): Deutsche Geschichte, Bd. 2, 2. Auflage, Berlin.

Becker, Carl Heinrich (1967): Deutschland und der Heilige Krieg, in: Internationale Monatsschrift für Wissenschaft, Kunst und Technik, 9 (01.05.1915).

Ben Miled, Ahmed (1984): M'hamed Ali. La naissance du mouvement ouvrier tunisien, Editions Salammbô, Tunis.

Ben Miled, Ahmed (1977): Aux origines du syndicalisme tunisien. Deux documents relatifs au séjour et aux activités de Muhammad Ali à la veille et au lendemain de la Grande Guerre, in : Les Cahiers de Tunisie 25, N° 97–98.

Ben Slama, Kais (2012) : Les relations de travail dans le territoire de la Sarre (1945–1955): Participation des salariés aux décisions dans l'entreprise sarroise, éd. universitaire Européenne, oder unter dem Link: http://www.theses.fr/2010PA100160
Ben Slama, Kais (2011): La Renaissance du syndicalisme en Allemagne de l'Ouest entre 1945 et 1949, éd. universitaire Européenne.
Ben Slama, Kais(2011): Die Rolle der Arbeiterräte bei der Entstehung der Weimarer Republik, Müller Verlag.
Ben Slimane, Slimane (1989): souvenirs politiques, Cérès productions, Tunis.
Bittner, Wolfgang (2017): Die Eroberung Europas durch die USA. Eine Strategie der Destabilisierung, Eskalation und Militarisierung Westend, Göttingen.
Brauns, Nicolas (2009): Die deutsch-türkischen Beziehungen vor dem Ersten Weltkrieg 1914, Magisterarbeit am Institut für Neuere Geschichte der Universität München, Wintersemester 1996/1997.
Brzezinski, Zbigniew, Die einzige Weltmacht. Amerikas Strategie der Vorherrschaft, Fischer, Frankfurt am Main, 2001.
Chivers, Christopher John/Schmitt, Eric (2013): Arms Airlift to Syria Rebels Expands, With Aid From C.I.A, herausgegeben am 24. März 2013 in: The New York Times.
Chomsky, Noam/Herman, Edward S (1975), Massaker im Namen der Freiheit. Greueltaten und Greuelpropaganda des US-Imperialismus. Oberbaum, Berlin 1975.
Chossudovsky, Michel, Der inszenierte Terrorismus: Die CIA und Al Qaida, in: https://www.hintergrund.de/politik/welt/der-inszenierte-terrorrismus-die-cia-und-al-qaida/
Cockburn, Alexander/St. Clair, Jeffrey, How Jimmy Carter and I Started the Mujahideen, in: https://www.counterpunch.org/1998/01/15/how-jimmy-carter-and-i-started-the-mujahideen/
Craig, Gordon A. (1999): Deutsche Geschichte 1866–1945. Vom Norddeutschen Bund bis zum Ende des Dritten Reiches, aus dem Englischen übersetzt von Karl Heinz Siber, 2. durchges. Auflage in der Beck'schen Reihe, Beck, München.
Dülffer, Jost (1997): Deutschland als Kaiserreich (1871–1918), in: Vogt, Martin (Hrsg.), Deutsche Geschichte von den Anfängen bis zur Gegenwart, 4. Auflage, J. B. Metzler Verlag, Stuttgart.
Dument, Paul (1975): La fascination du Bolchevisme: Enver Pascha et le Parti des Soviets populaires 1919–1922, in: 16 Cahiers du Monde Russe et Soviétique, volume 16.
Foucault, Michel (1978): Nietzsche, Genealogie, die Historie, in: Foucault, Michel: Von der Subversion des Wissens. Frankfurt a. M., Berlin, Wien.

Freund, Wolfgang (1970): Die Djerbi in Tunesien. Soziologische Analyse einer nordafrikanischen Minderheit, Kölner Beiträge zur Sozialforschung und angewandten Soziologie, herausgegeben von René König und Erwin K. Scheuch Band 11, Verlag Anton Hain, Meisenheim am Glan.

Ganser, Daniele (2019): Illegale Kriege. Wie die NATO-Länder die UNO sabotieren. Eine Chronik von Kuba bis Syrien, 10. Auflage, Orell Füssli, Zürich.

Ganser, Daniele (2009): Nato-Geheimarmeen in Europa: Inszenierter Terror und verdeckte Kriegsführung, Orell Füssli, Zürich.

Goldstein, Daniel (1978): Libération ou annexion, Aux chemins croisés de l'histoire tunisienne 1914–1922, Maison tunisienne de l'Edition, Tunis.

Gollwitzer, Heinz/Albertini, Rudolf v. (Hrsg.) (1994): Europäische Kolonialherrschaft 1880–1940, Beiträge zur Kolonial- und Überseegeschichte, Band 14, Zürich-Freiburg.

Grundmann, Herbert (Hrsg.) (1970): Gebhardt Handbuch der deutschen Geschichte, vierbändig, Bd. 3, Von der Französischen Revolution bis zum Ersten Weltkrieg, 9. bearbeitete Auflage, Union Verlag, Stuttgart.

Grupp, Peter (1998): Juden, Antisemitismus und jüdische Fragen im Auswärtigen Amt in der Zeit des Kaiserreichs und der Weimarer Republik. Eine erste Annäherung, in: Zeitschrift für Geschichtswissenschaft, Bd. 49.

Grupp, Peter (1980): Deutschland, Frankreich und die Kolonien. Der französische „Parti colonial" und Deutschland von 1890 bis 1914, J.C.B. Mohr (Paul Siebeck), Tübingen.

Günther, Lothar/Oesterheld, Joachim (1997): Inder in Berlin, Selbstverl., Berlin.

Gurvitch, Georges (1967): Intervention du VIème Colloque de l'Association Internationale des Sociologues de langue française, Royaumont: Sociologie de la «construction nationale» dans les Nouveaux Etats, Editions de l'Institut de Sociologie, Université Libre de Bruxelles.

Hagen, Gottfried (1988): Die Türkei im Ersten Weltkrieg, Flugblätter und Flugschriften in arabischer, persischer und osmanisch-türkischer Sprache aus einer Sammlung der Universitätsbibliothek Heidelberg. Eingeleitet, übersetzt und kommentiert, Frankfurt a. M.

Heine, Peter (1982): Salih al-Sharif al-tunisi, a North African Nationalist in Berlin duringihe First World War, in: Revue del'Occident Musulman et de la Méditeranée.

Hermann, Ulrich (1987) (Hrsg.): Geschichte der arabischen Welt, C. H. Beck, München.

Hermassi, Abdelbaki (1973): Mouvement ouvrier en société coloniale: La Tunisie entre les deux guerres, Hachette, Paris.

Hindenburg, Paul, v., (1934): Aus meinem Leben, Illustrierte Volksausgabe, Hirzel, Leipzig.

Hopkirk, Peter (1996): Östlich von Konstantinopel. Kaiser Wilhelms Heiliger Krieg um die Macht im Orient, Europa Verlag, München.

Höpp, Gerhard (2001): „Den Fragen der Raiffeisenorganisation zugewandt". Der tunesische Gewerkschaftsführer Muhammad Ali al-Hammi und sein Aufenthalt in Berlin, 1919–1924", in: Beiträge zur Geschichte der Arbeiterbewegung, Vol. 43 Nr. 3, Berlin.

Höpp, Gerhard (2001): Mufti-Papiere. Briefe, Memoranden, Reden und Aufrufe Amin al-Husaini aus dem Exil, 1940–1945, Klaus Schwarz, Berlin.

Höpp, Gerhard(2000): Texte aus der Fremde. Arabische politische Publizistik in Deutschland 1896–1945; eine Bibliographie, Das Arabische Buch, Berlin.

Höpp, Gerhard (2000) Frontenwechsel: Muslimische Deserteure im Ersten und Zweiten Weltkrieg und in der Zwischenkriegszeit, in: Höpp, Gerhard/Reinwald, Brigitte (Hrsg.), Fremdeinsätze. Afrikaner und Asiaten in europäischen Kriegen 1914–1945, Das Arabische Buch, Berlin.

Höpp, Gerhard(2000): Orientalistik mit Konsequenz, Georg Kampffmeyer und die Muslime, in: Rudolph, Kurt/Falsche, Rainer (Hrsg.), Religionswissenschaft in Konsequenz/Beiträge im Anschluss an Impulse, Lit, Münster.

Höpp, Gerhard (1997): Muslime in der Mark. Als Kriegsgefangene und Internierte in Wünsdorf und Zossen 1914–1924, Das Arabische Buch, Berlin.

Höpp, Gerhard (1994): Arabische und islamische Periodika in Berlin und Brandenburg 1915 bis 1945; geschichtlicher Abriss und Bibliographie, Das Arabische Buch, Berlin.

Höpp, Gerhard (1996), Tod und Geschichte oder Wie in Berlin prominente bestattet wurden, in: Höpp, Gerhard/Jonker, Gerdien (Hrsg.), In fremder Erde. Zur Geschichte und Gegenwart der islamischen Bestattung in Deutschland, Das Arabische Buch, Berlin.

Höpp, Gerhard (1996): Die Privilegien der Verlierer. Über Status und Schicksal muslimischer Kriegsgefangener und Deserteure in Deutschland während des Ersten Weltkriegesund der Zwischenweltkriegszeit, in: Höpp, Gerhard/ Jonker, Gerdien (Hrsg.), Fremde Erfahrungen., Das Arabische Buch, Berlin.

Höpp, Gerhard (1991): Zwischen Entente und Mittelmächten. Arabische Nationalisten und Panislamisten in Deutschland (1914 bis 1918), in: Asien, Afrika, Lateinamerika, Das Arabische Buch, Berlin.

Huntington, Samuel Phillips (2002):Kampf der Kulturen: Die Neugestaltung der Weltpolitik im 21. Jahrhundert, Goldmann Verlag, München.

Ismail Enver Pascha (1918): Enver Pascha um Tripolis, Hugo Brockmann Verlag, München.

Johnson, Ian (2011): Die vierte Moschee: Nazis, CIA und der islamische Fundamentalismus, Klett-Cotta Verlag, Stuttgart.

Julien, Charles-André (1953): l'Afrique du Nord en marche, Julliard, Paris.

Kahleyss, Margot (1998): Muslime in Brandenburg – Kriegsgefangene im ersten Weltkrieg. Ansichten und Absichten. Staatliche Museen Preußischer Kulturbesitz, Berlin.

Kepel, Gilles (2002): Das Schwarzbuch des Dschihad, Piper Verlag, München, 2002.

Kielmansegg, Peter Graf (1980): Deutschland und der Erste Weltkrieg, 2. Auflage, Klett-Cotta, Stuttgart.

Köse, Yavuz hrsg. (2016): Osmanen in Hamburg – eine Beziehungsgeschichte zur Zeit des Ersten Weltkrieges, Hamburg.

Kraïem, Mustapha (1976): Nationalisme et syndicalisme en Tunisie 1918–1929, Union Générale Tunisienne du Travail, Tunis.

Kramer, Heinz/Reinkowski, Maurus (2008): Die Türkei und Europa: eine wechselhafte Beziehungsgeschichte, W. Kohlhammer Verlag, Stuttgart.

Kröger, Martin (1994): Revolution als Programm. Ziele und Realität deutscher Orientpolitik im Ersten Weltkrieg, in: Michalka, Wolfgang (Hrsg.), Der Erste Weltkrieg. Wirkung. Wahrnehmung. Analyse, Piper, München.

Kröger, Martin (1991): „Le bâton égyptien"- Der ägyptische Knüppel. Die Rolle der „ägyptischen Frage" in der deutschen Außenpolitik von 1875/6 bis zur „Entente Cordiale", Frankfurt a. M.

Linke, Horst-Günter (1994): Russlands Weg in den Ersten Weltkrieg und seine Kriegsziele 1914–1917, in: Michalka, Wolfgang (Hrsg.), Der Erste Weltkrieg, C.H. Beck, München.

Lüders, Michael (2015): Wer den Wind sät. Was westliche Politik im Orient anrichtet. C. H. Beck, München.

Mann, Golo (1958): Deutsche Geschichte des neunzehnten und zwanzigsten Jahrhunderts, S. Fischer Verlag, Frankfurt a. M.

Mommsen, Wolfgang J. (1995): Bürgerstolz und Weltmachtstreben: Deutschland unter Wilhelm II. 1890 bis 1918, Bd. 7, 2. Teil, Berlin.

Möller, Horst (1998): Europa zwischen den Kriegen, Oodenbourg Verlag, München.

Müller, Herbert Landolin (1991): Islam, Gihad und Deutsches Reich. Ein Nachspiel zur wilhelminischen Weltpolitik im Maghreb 1914–1918, Frankfurt a. M.

Müller, Tobias (2004): Michel Foucault Geschichtsbild und seine Konsequenzen, VO „Geschichte der Geschichtsphilosophie", Wien, 2004.

Oberhaus, Salvador (2006): Zum wilden Aufstande entflammen – Die deutsche Ägyptenpolitik 1914-1918. Ein Beitrag zur Propagandageschichte des Ersten Weltkrieges, Dissertation, Gutachter: Prof. Dr. Gerd Krumeich und Prof. Dr. Hans Hecker, Heinrich-Heine-Universität, Düsseldorf.

Onfray, Michel (2013): Im Namen der Freiheit: Leben und Philosophie des Albert Camus, Albrecht Knaus Verlag, München.

Oppenheim, Max v. (1899 und 1900): Vom Mittelmeer zum Persischen Golf, 2 Bde., Berlin.

Plum,Werner (1962): Gewerkschaften im Maghreb. UGTT, UMT, UGTA, Verlag für Literatur und Zeitgeschehen, Hannover.

Raupach, Florian (2012): Zur These der „strategischen Clique“ und der französischen Okkupation am Beispiel des Vertrages von Bardo, Grin Verlag, München.

Richter, Jan Stefan (1997): Die Orientreise Kaiser Wilhelms II. 1898. Eine Studie zur deutschen Außenpolitik an der Wende zum 20. Jahrhundert, Hamburg.

Schäfer, Richard (1915): Islam und Weltpolitik, Krüger, Leipzig.

Sammut, Carmel (1983): L'impérialisme capitaliste français et le nationalisme tunisien (1881–1914), Publisud, Paris.

Schaar, Ahmad Eqbal/Schaar, Stuart (1978): M'hamed Ali et les fondements du mouvement syndical tunisien, in: Les Africains Bd 11.

Schöllgen, Gregor (1984): Imperialismus und Gleichgewicht. Deutschland, England und die orientalische Frage 1871–1914, München.

Schoeps, Hans Joachim (1967): Das Wilhelminische Zeitalter in geistesgeschichtlicher Sicht, in: Schoeps, Hans Joachim (Hrsg.), Zeitgeist im Wandel. Das Wilhelminische Zeitalter, Klett, Stuttgart.

Schowingen, Karl Emil Schabinger Freiherr von (1967): Weltgeschichtliche Mosaiksplitter. Erlebnisse und Erinnerungen eines kaiserlichen Dragomans, Selbstverlag, Baden-Baden.

Schultze, Reinhard (2007): Islamischer Terrorismus und die Hermeneutik der Tat, in: Wohlrab-Sahr, Monika/Tezcan, Levent (Hrsg.), Konfliktfeld Islam in Europa, Nomos, Baden-Baden.

Schultze, Reinhard (1994): Geschichte der islamischen Welt im 20. Jahrhundert, C.H. Beck, München.

Schwanitz, Wolfgang G. (2004): Paschas, Politiker und Paradigmen: Deutsche Politik im Nahen und Mittleren Orient 1871–1945, in: Schwanitz, Wolfgang G. (Hrsg.), Comparativ 1/2004 (Zeitschrift für Globalgeschichte und vergleichende Gesellschaftsforschung), Leipzig.

Schwanitz, Wolfgang (2004): Max von Oppenheim und der Heilige Krieg. Zwei Denkschriften zur Revolutionierung islamischer Gebiete 1914 und 1940, Sozial-Geschichte Heft 3, Zeitschrift für historische Analyse des 20. und 21. Jahrhunderts.

Schwanitz, Wolfgang (2004): Die Berliner Djihadisierung des Islam. Wie Max von Oppenheim die islamische Revolution schürte, in: Konrad-Adenauer-Stiftung, Auslandsinformationen.

Schwanitz, Wolfgang (2003): Djihad „Made in Germany“: Der Streit um den Heiligen Krieg 1914–1915, Sozial-Geschichte Heft 2, Zeitschrift für historische Analyse des 20. und 21. Jahrhunderts.

Sivers, Peter v. (1987): Nordafrika in der Neuzeit, in: Haarmann, Ulrich (Hrsg.), Geschichte der arabischen Welt, Beck, München.

Spengler, Oswalt (1920): Der Untergang des Abendlandes: Umrisse einer Morphologie der Weltgeschichte. Erster Band Gestalt und Wirklichkeit, C.H. Beck, München.

Thaalbi, Abdelaziz (1985): La Tunisie Martyre, 2ème édition tirée de l'édition originale de 1920, Dar al-Gharb al-Islami, Tunis.

Tlili, Bechir (1977): Aux Origines du Syndicalisme Tunisien, deux documents relatifs au séjour et aux activités de Muhammed Ali à la veille et au lendemain de la grande guerre, in: Cahiers de Tunisie, Tome XXV, n° 97–98.

Todd, Emmanuel (2004): Weltmacht USA. Ein Nachruf, Piper Verlag, München.

Ullrich, Volker (1997): Die nervöse Großmacht. Aufstieg und Untergang des deutschen Kaiserreiches 1871–1918, Frankfurt a. M.

Weber, Hermann (1985) (Hrsg.): Quellen zur Geschichte der deutschen Gewerkschaftsbewegung im 20. Jahrhundert, Bund-Verlag, Köln.

Wehler, Hans-Ulrich (2003): Deutsche Gesellschaftsgeschichte 1914–1949, Bd. IV,C. H. Beck, München

Wehler, Hans-Ulrich (1994): Das Deutsche Kaiserreich 1871–1918, Vandenhoeck & Ruprecht, Göttingen.

Wesseling, Hendrik L. (1999): Teile und herrsche. Die Aufteilung Afrikas 1880–1914, übersetzt aus dem Niederländischen von Rudolf Albertini und Eberhard Schmitt, Franz Steiner Verlag, Stuttgart.

Wiegrefe, Klaus (2005): Völkermord an den Armeniern: Geschichte des Grauens. Der Text stammt aus dem Spiegel-Archiv. Er erschien in der Ausgabe 16/2005.

Winkler, Heinrich August (2009): Geschichte des Westens. Von den Anfängen in der Antike bis zum 20. Jahrhundert, C. H. Beck, München.

Wochnik, Benjamin (2010): Atatürks islamische Erben. Wer regiert die Türkei. Tectum Verlag, Marburg.

Wolfdieter, Bihl (1975): Die Kaukasus-Politik der Mittelmächte. Teil I: Ihre Basis in der Orient-Politik und ihre Aktionen 1914–1917, Wien.

3. Arabischsprachige Literatur

Abdelsalem, Ahmed (1994): al-madrasa al ṣādiḳiya wa al-ṣādiḳiyūn, bayt al-ḫikma, ḳarṭādj.

Al Haddad, Salem (2012): al-ḫaraka al-naḳābiya fī tūnis byna al-istiḳlāl wa al-taba^{c}iyya, djāmi^{c}at ^{c}umūm al^{c}amala alūla. Muhammed Ali Al Hammi 1924–1925, djāmi^{c}at ^{c}umūm al^{c}amala al-thāniy, Belgacem Al Gnaoui 1937–1938, ^{c}alāmāt, al shark 1.

Al Haddad, Tahar (1999): al-ᶜumāl al tūnysiyūn wa ẕuhūr al ḫaraka al-naḳābiya (al-aᶜmāl al- kāmiatu, al-m'udjaladu al-thānī), al-dar al-ᶜarabiyatu lilkitāb, tūnis.

Al Sahli, Hamadi (1990): al-shykhᶜabdalᶜazīz al-thᶜālbī (1876–1944), dāirat almᶜārif al- tūnisiy, ţabᶜa 1, al-kurās 1/1990, bayt al-ḫikma, ḳarţādj.

Al tunisi, Kheredine (1991): aḳwam al-masālik fī maᶜrifat aḫwāl al-mamālik, rezipiert und dargestellt von Moncef Chenoufi, al-markaz al-watanī liltardjamah, bayt al-ḫikma, tūnis.

Belhula, Muhammed Ali (1985): Muhammed Ali wa ḫawādithu al-ayām, maţbaᶜatal-ittiḫād al-ᶜām al-tūnisi lilshughl, tūnis.

Fendri, Mounir (2007): al-djimᶜiyātu byna al-taţīr wa al-tawẕīf, kuliyyat al-ᶜulūm al-insāniya, La Manouba, tūnis.

Idris, Muhammed Masaoud/Ben Miled, Ahmed (1991): al-shykh ᶜabdalᶜazīz al-thᶜālbī wa al-ḫaraka al-wataniya (1876–1940), al-djuzu al-awal, muḳadimat al-nashāt al-fikrī wa al- siyāsī lilshykhᶜabdalᶜazīz al-thᶜālbī fī tūnis min khilāli wathāiḳihi, ţabᶜa 1, bayt al-ḫikma, ḳarţādj.

Khaled, Ahmed (2006): Muhammed Ali Al Hammi, rāidu al-ḫaraka al-naḳābiya al wataniya bitūnis, tūnis.

Tabbabi, Hfaiedh (2005): Muhammed Ali Al Hammi (1890–1928), manshūrāt al maᶜhad al-aᶜlā litārīkh al-ḫaraka al-wataniya, tūnis.

4. Zeitschriften

Azadi-el Sharq, 1/1921.

Azadi-el Sharq, 3/1921/22.

Comparativ (Zeitschrift für Globalgeschichte und vergleichende Gesellschaftsforschung), Leipzig 2004.

Die Welt des Islams, 3/1915.

Die Islamische Welt, 1/1916.

Le Temps vom 12. März 1912.

Liwa-el-Islam, 1/1921.

Liwa el-Islam 2/1921.

L'Union islamique

Abkürzungsverzeichnis

AA	Das Auswärtige Amt
AS	Äzädi-e Sarq, Berlin
BS	Band as-Sarq, Berlin
CGTT	Confédération Générale des Travailleurs Tunisiens
CGTU	Confédération générale du travail unitaire
CIA	Central Intelligence Agency
DNO	Der Nahe Osten, Berlin (1, 1928-9, 1936)
FKP	Freie Konstitutionelle Partei
IW	Die Islamische Welt, Berlin
KEF	Komitee für Einheit und Fortschritt
NATO	Die North Atlantic Treaty Organisation
KNO	Korrespondenzblatt der Nachrichtenstelle für den Orient, Berlin
NfO	Nachrichtenstelle für den Orient.
TM	Teskilat-i Mahsusa
UGTT	Union Générale Tunisienne du Travail
WI	Die Welt des Islams, Berlin

Anhang

Schaich Salih Aschscharif Attunisi
Haqiqat Aldschihad

Die Wahrheit über den Glaubenskrieg

Aus dem Arabischen übersetzt von
Karl E. Schabinger

Mit einem Geleitwort von
Martin Hartmann
und einem Bild des Schaichs

Herausgegeben
von der deutschen Gesellschaft für Islamkunde

D/R
E/V

Berlin 1915
Verlag Dietrich Reimer (Ernst Vohsen)

Der Erlös ist für den Roten Halbmond bestimmt

خادم العلم والانسانية صالح الشريف التونسي

Geleitwort

Der Verfasser dieser Abhandlung, dessen Autobiographie ich am Schlusse in Übersetzung mitteile, ist islamischer Theologe und lebt in den Gedankengängen der traditionellen Auffassung seiner Religion und ihrer Lehren, wie das System sie bietet, das sich um das Jahr 1100 als das orthodoxe durchgesetzt hat, und das im ganzen sunnitischen Islam anerkannt ist. Innerhalb dieses Systems laufen strengere und mildere Auffassungen nebeneinander her. Schaich Salih vertritt die mildere Richtung; er glaubt sogar, es lasse sich auf ihrem Boden zu einer Art Versöhnung zwischen der Frankenwelt und der Islamwelt gelangen. Von dem Streben beseelt, zu einer solchen Versöhnung beizutragen, hat er diese Abhandlung verfasst, durch welche er den Beweis zu erbringen erhofft, dass die Lehre vom Glaubenskriege mit der Vorstellungswelt der Franken vereinbar sei.

Schaich Salih hat mich gebeten, ihm die Richtigkeit seiner Zitate aus Koran und Sunna zu bestätigen. Ich habe die Zitate aus dem Koran sämtlich nachgeprüft und bei jedem die Stelle vermerkt. Die Nachprüfung der Zitate aus dem Traditionsmaterial ist nicht von besonderer Wichtigkeit, weil alles darauf ankommt, wie man diesem Materiale gegenübersteht. Die Rechtgläubigen, und mit ihnen Schaich Salih, verwenden auch weniger gut bezeugte Aussprüche des Propheten zur Beweisführung, wenn sie das, aus dem Koran und aus als ganz sicher geltenden Traditionen bekannt ist, bestätigt.

Die kleine Schrift gibt ein vortreffliches Bild von dem Geiste, in welchem das schwierige Problem des „Glaubenskrieges" (dschihad) gegenwärtig von denjenigen islamischen Theologen behandelt wird, die, der milderen Richtung huldigend, durch die neueste Entwicklung veranlasst werden, sich in tolerantem Sinne zu äußern. Es ist ihm zum Verdienste anzurechnen, dass er die Lehre des Heiligen Gesetzes vom Glaubenskriege in einer leicht verständlichen Weise zur Darstellung gebracht hat. Gerade heute wird seinem Gegenstande ein lebhaftes Interesse entgegengebracht. Nicht zum wenigsten sind es die Kreise der christlichen Mission, denen die Behandlung der Frage in dem Sinne, wie er heute wohl als den vorderen Orient beherrschend bezeichnet werden kann, willkommen sein wird.

Hermsdorf bei Berlin, Februar 1915. Martin Hartmann

Einleitung

Im Namen Gottes des Allerbarmers!

Preis sei Gott für Einheit und Einklang und Gebet und Gruß über seinen Abgesandten, auf das er den Edelsinn der Menschheit immer mehr vollende!

In diesem kurzen Sendschreiben habe ich die wahre Bedeutung des Glaubenskampfes nach islamischen Glauben, seinen Zweck, seine Geltung und einige seiner Pflichten dargelegt, indem ich mich hierbei auf das Buch Gottes, die Überlieferung von dem Gesandten Gottes und die Lehre der Haupt-Imame gestützt habe, die aus jenen Quellen geschöpft haben.

Meine Absicht hierbei ist, das zu widerlegen, was vielleicht die Gemüter derjenigen beunruhigen könnte, die das wahre Wesen jenes Kampfes nicht unterscheiden können von den Verdächtigungen der irreführenden Feinde.

Jetzt will ich mit Hilfe des Wahren, den wir anbeten, mein Vorhaben ausführen, indem ich meinen Stoff in Frage und Antwort einteile.

Im Namen Gottes des Allerbarmers.

Frage: Was ist die wahre Bedeutung des „Kampfes auf dem Pfade Gottes“ im Islam?

Antwort: Der „Kampf (Dschihad) ist nach der Lehre des Islams zweierlei: Großer Kampf und Kleiner Kampf: Der Große Kampf ist der Kampf mit der eigenen Seele, d.h. ihre Abwendung von der Verirrung zur Rechtleitung, zur Färbung mit vorzüglichen Sitten, zur Niederzwingung der niedrigen Leidenschaften, kurz zur Emporführung der Seele von der viehischen Niedrigkeit zur engelhaften Höhe. Der Kleine Kampf ist die Entfaltung von Energie und aller menschlichen Kraft zur Vernichtung der Feinde des Islams mit Gut und Blut. Mit den Feinden des Islams sind nicht alle Andersgläubigen gemeint, sondern nur diejenigen von ihnen, die uns wegen unserer Religion bekämpfen und uns aus unseren Wohnungen vertreiben, indem sie sich unserer Heimat bemächtigen oder solches beabsichtigen, wie z. B. die Russen, Engländer und Franzosen und die, die zu ihnen halten. Diejenigen dagegen, die uns wegen unserer Religion nicht bekämpfen und uns aus unseren Häusern nicht vertreiben, indem sie sich zu Herren unserer Heimat aufwerfen – seien es treue und aufrichtige Schutzgenossen oder solche, mit denen wir in einem Bundesvertragsverhältnis stehen, das von ihnen beachtet wird, wie z. B. das Deutsche Volk und die ihm Gleichgearteten – diese sind nicht unsere Feinde. Es ist unsere Pflicht, dass wir unser Bündnis mit diesen streng beachten, dass wir gegen sie aufrichtig und gerecht sind und sie mit unserem Vermögen, Waffen, Tieren und Leben verteidigen, so dass wir eine einzige Hand gegen unsern und ihren Feind bilden und unsern letzten Blutstrophen um dieses Zieles willen vergießen. Keinem einzigen Menschen dürfen wir gestatten, dass er sie, wenn auch nur mit einem bösen Worte, behellige. Wenn wir so handeln, gewinnen wir sicherlich die Liebe Gottes. Er, der Erhabene, hat gesagt (60, 8/9):

„Gott verbietet euch nicht, dass ihr denen, die euch wegen der Religion nicht bekämpfen und euch aus eueren Wohnungen nicht vertreiben, Gutes tuet und ihnen Gerechtigkeit widerfahren lasset, denn Gott liebt die Gerechten; Gott verbietet euch nur, mit denen, die euch der Religion wegen bekämpfen, euch aus eueren Wohnungen vertrieben und bei euerer Austreibung geholfen haben, Freundschaft zu schließen; die aber, die mit ihnen Freundschaft schließen, sind die Ungerechten" (9,7) „So lange sie zu euch aufrichtig sind, seid aufrichtig zu ihnen, denn Gott liebt die Gottesfürchtigen". Der Prophet – Gott segne ihn und gebe ihm Frieden! – hat gesagt, „Nehmet euch aufs Beste der Schutzgenossen an!" Der berühmte Gelehrte Aschschihab Alqarafi hat in seinen „furûq" gesagt, dass das Schutzverhältnis Rechte wider uns begründet. Wer sich nun an Leuten, die mit uns im Schutzverhältnis stehen, vergeht, sei es auch nur mit einem bösen Worte, oder ihnen guten Ruf verleumdet oder dergleichen gemeine Dinge verübt oder dabei hilft, der ist des Schutzes Gottes, seines Gesandten und der islamischen Religion verlustig. Der berühmte Imam Ibn Hazm hat in seinem Werke „maratib al'idschma" gesagt: „Wenn Nichtmuslime jemand angreifen, mit dem wir ein vertragliches Schutzverhältnis haben, so ist es unsere Pflicht, dass wir zu ihrer Bekämpfung mit Tieren und Waffen ausziehen und unser Leben dafür lassen, zur Bewahrung derjenigen, die unter dem Schutze Gottes und des Islams stehen". Hierfür hat er die übereinstimmende Meinung der islamischen Gemeinde zitiert.

Aus diesen Koranversen, heiligen Überlieferungen und Aussprüchen des Propheten geht hervor, dass der „Kampf auf dem Pfade Gottes" nicht geleichbedeutend ist mit Tötung eines jeden Andersgläubigen auf welche Weise nur immer oder mit Misshandlung der Frauen, Kinder und Alten, mit Brennen, Rauben und Landesverwüstung. Dieses den „Heiligen Krieg" des Islams zu nennen, wie einige barbarische Nationen das tun und wie Franzosen, Engländer und Russen verkünden, ist Lüge und Verleumdung der islamischen Welt, um den Hass der Unwissenden gegen sie in Bewegung zu setzen. Der „Heilige Krieg" ist vielmehr nach unserer Anschauung die Entfaltung von Energie zur Tötung unserer Feinde und der Feinde unseres Vaterlandes, so wie eine jede wahrhaft gesittete Nation es hält, indem sie in würdiger und freier Weise zu leben wünscht.

Frage: Was ist der Nutzen des Kampfes auf dem Pfade Gottes im Islam und was ist sein Zweck?

Antwort: Der Nutzen des Kampfes auf dem Pfade Gottes ist die Abwehr der vom Feinde ausgehenden Wirrnis und die Erhöhung des Wortes der Wahrheit d.h. des Wortes Gottes und seiner Religion. Beweis hierfür ist, dass die barbarischen Feinde, wie Engländer, Russen und Franzosen, wenn sie ein Land erobern, in seine wirtschaftliche Lage Wirrnis hineinbringen, indem sie Industrie, Handel, Ackerbau und alle Erwerbszweige an sich reißen; den Boden gewaltsam aus dem Besitze seiner Einwohner wegnehmen, das Volk mit schweren Abgaben bedrücken und es in dem äußersten Grade von Armut lassen, indem sie es ihren rein persönlichen Interessen dienstbar machen, so wie man sich der Esel und der Kühe bedient. Sie ziehen Gewinn aus der Arbeit seiner Hände und aus dem Schweiße seines Angesichts für einen Brocken, den sie darbieten, erbärmlicher als der Brocken für ihren Hund oder ihren Esel. So wie sie darin Wirrnis verursachen, schaffen sie auch Wirrnis in seiner Religion, zerstören Moscheen und wandeln sie teilweise in Kirchen um. Sie arbeiten auf das Verschwinden des Buches Gottes unter dem Volke hin und ebenso auf die Austilgung aller religiösen Wissenschaften, heben das Heilige Gesetz auf und ersetzen es durch grausame Regierungsverordnungen; sie bemächtigen sich der frommen Stiftungen, berauben den Islam seiner äußeren Ehrenzeichen und eifern, die Sitten der Jünglinge, Frauen und Unwissenden zu verderben. Wenn sie aber merken, dass das Volk ob dieses, seiner Religion und Weltanschauung zuwiderlaufenden Treibens murrt, dann wüten sie gegen es und gegen alle seine Häupter, Gelehrten und Vornehmen. Sie bringen es in große Bedrängnis und zwingen es, ihre Barbarei zu verehren, heilig zu achten und noch darüber Freude zu äußern. So verbinden sie die Demütigung der sozialen Lage mit der Zerrüttung von Religion, Gesundheit, Anstand und Würde. Unzweifelhaft heißt ein solches Verfahren mit dem islamischen Volke und mit jedem anderen Volke wandeln auf dem Pfade des Satans und seiner Helfershelfer. Das ist die Religion des Teufels, und ihre Anhänger und Unterstützer sind die Freunde und Trabanten des Satans. Dieser Weg ist eben der, den die Engländer, Franzosen und Russen mit der ganzen Welt wandeln wollen; sie sind Sklaven ihrer verruchten Leidenschaften und Genossen des Satans. Das Gegenteil von diesem Verfahren ist das der Gerechtigkeit und der Wohltätigkeit einem jeden einzelnen Menschen gegenüber, die genaue Beachtung des den Schutzgenossen zustehenden Schutzrechts und Treue gegenüber den Verbündeten in Bezug auf Religion, Gut, Leben und Ehre. Das ist der Pfad Gottes und seiner Religion, und die, die ihn wandeln, sind die Getreuen des Erbarmers. Alles dieses findet sich in dem Erhabenen Koran. Gott hat gesagt, (2, 189): „Die, die da glauben, kämpfen auf dem Pfade des Höllenfürsten; so bekämpfet denn die Anhänger des Satans, denn die List des Satans ist nur schwach"; das heißt: die welche an die Wahrheit glauben und danach handeln und sie verteidigen, die kämpfen auf dem Wege Gottes, weil die Wahrheit Gottes ist und er sie befohlen hat; diejenigen aber, welche die Wahrheit leugnen und sie verhüllen durch ihre Nichtigkeit dem Satan angehört, und er es ist, der es den Menschen einflüstert und die argen Seelen dazu antreibt; so bekämpfet denn die Genossen und Helfer des Satans, denn die Kraft des Satans ist nur schwach, und die Wahrheit muss durchaus den Sieg über sie erringen. Daraus geht hervor, dass der „Heilige Krieg" nach unserem Glauben die Bekämpfung unserer Feinde, der Feinde der Wahrheit und der

Menschlichkeit zum Siege zu verhelfen. Es ist aber nicht ein Kampf gegen alle diejenigen gemeint, die mit uns in der Religion nicht übereinstimmen, aus Rache und religiösem Fanatismus, wie das die Feinde verbreiten und selbst es tun. Denn Gott hat gesagt (2,257): „Es gibt keinen Zwang in der Religion! Der rechte Weg ist von der Täuschung klar unterschieden". Er hat ferner gesagt (109, 6): „Ihr habt euere Religion und ich die meinige!" So ist auch offenbar geworden, dass der „Heilige Krieg" ausgedehnt werden muss, bis die Kraft der Feinde geschwunden ist, und wir zusammen mit unseren Verbündeten vor der Wirrnis bewahrt sind, und der allgemeine Friede für das Recht und seine Helfer in Ewigkeit gesichert ist. Gott ist unsere Hilfe und Stütze!

Frage: Was gilt von dem Kampfe gegen jene Feinde, wenn sie übermütig werden und uns angreifen?

Antwort: Wenn der Feind uns angreift, wie die Franzosen, die Engländer und die Russen und die mit ihnen, so hat Geltung die Individualpflicht für jeden Muslim, Mann und Frau, groß und klein, alt und jung, ledig und verheiratet, beritten und unberitten; bleibt ein Individuum oder eine Gruppe dabei zurück, so setzt sich der Pflichtvergessene der schmerzvollen Jenseitspein aus und der Auslöschung aus der Welt der Glückseligkeit mit Ersetzung durch einen andern Gott Liebenden und von ihm Geliebten, der auf dem Pfade Gottes kämpft; Gott sagt (9, 38/39), indem er die schilt, die beim Kampfe in solchen Zeiten zu Hause bleiben: „O, ihr Gläubigen, was ist euch, dass ihr, wenn euch gesagt wird: „Ziehet aus auf dem Pfade Gottes", schwerfällig an der Erde kleben bleibt? Zieht ihr etwa das irdische Leben dem jenseitigen vor? Sind doch die Güter des irdischen Lebens in dem jenseitigen nur ein Geringes! Wenn ihr nicht auszieht, wird euch Gott mit schmerzvoller Pein peinigen, und wird andere Leute an eure Stelle setzen, während ihr ihm nichts anhaben könnt, und Gott ist jedes Dinges mächtig!" Gott sagt ferner (9, 41): „Ziehet aus, Leichte und Schwere, und kämpft mit Gut und Blut auf dem Pfade Gottes; das ist besser für euch, wenn ihr es wisset!"; die Imperativform in dem Worte „Ziehet aus" (infiru) bezeichnet die Pflicht: mit „Leichte" (chifaf) sind die Burschen und die Ledigen gemeint und die Reiter, mit „Schwere" (tiqal) dagegen die Alten und die Familienväter und die Unberittenen. Daraus geht hervor, dass der Kampf in diesem Augenblicke entschiedene Pflicht ist für die ganze Islamwelt im Osten und im Westen, für Männer und Frauen, Alte und Junge, Ledige und Verheiratete, und dass das Zurückbleiben dabei notwendig peinvolle Strafe in dieser und in jener Welt mit sich bringt; so hat denn Islamwelt die Pflicht, wie ein Mann sich zu erheben unter der Fahne des mohammedanischen Kalifats, des Kalifats der erhabenen Familie Osman, und sich einmütig zusammenzuscharen mit ihren treuen Verbündeten, den Deutschen, und mit denen, die den gleichen Weg gehen; sie sollen alle diesen geheiligten Krieg führen, um die Menschenwelt zu erlösen von den Listen dieser Frechen, der Briten, Franzosen und Russen, die über die Menschenwelt und im besonderen über die Islamwelt die Vernichtung verhängt haben und sich verschworen haben zum Siege ihrer Ungerechtigkeit und zur Versklavung aller Menschen außer ihnen, aber „nicht kommt der Sieg außer von Gott“ (8, 10).

Frage: Was sind die Pflichten des Kämpfers auf dem Pfade Gottes?

Antwort: Die Pflichten des Kämpfers auf dem Pfade Gottes sind folgende: Die erste Pflicht ist die Tapferkeit, dass heißt das Vorangehen, die Geduld und die Ausdauer gegenüber den Feinden; Geduld ist das Ertragen der Mühsale des Reisens, des Hungers, des Durstens, der Hitze und der Kälte; ferner der Verluste und der Unbesonnenheit der Genossen und Nachsicht mit ihnen; die Ausdauer ist das Übertreffen des Feindes an Geduld und Zähigkeit ihm gegenüber, damit es zu seiner Überwindung darin komme, sei es auch nur für eine Minute, so dass er fliehen muss als Geschlagener; im Sprichwort heißt es ja: „Die Tapferkeit ist die Geduld einer Weile“; Gott sagt (3, 200): „O ihr Gläubigen! Harret aus und stecht den Feind darin aus und haltet durch“. Auch hat der Erhabene Koran uns angespornt zur reinen Tapferkeit und hat uns den Grad gekündet, den wir dabei leisten müssen, hat uns auch die Philosophie der Tapferkeit gekündet in einer Weise, die den Feigen dahin bringt, dass er ein Tapferer wird. Das Anspornen zur reinen Tapferkeit hat uns gezeigt, dass, wenn wir unseren Feinden begegnen, indem wir sie angreifen oder indem wir angegriffen werden, dass es uns dann nicht gestattet ist, ihnen die Rückseite zu zeigen, ausgenommen zwei Fälle, nämlich, dass wir eine List anwenden und so tun, als fliehen wir, um sie zu täuschen, und um dann uns zurückwendend, uns von neuem auf sie zu stürzen. Der zweite Fall ist, dass wir uns zu einem Korps des Heeres schlagen, wenn die Umstände es erfordern; aber fluchtartig den Rücken zu wenden, ist in keiner Weise erlaubt, und wer das verübt, den trifft der Zorn von Gott und von der Kreatur Gottes und seine Wohnstatt ist in der irdischen Welt das Feuer der Niedrigkeit und Armseligkeit, in jener Welt das Feuer der ewigen Pein. Darüber sagt das Erhabene Buch Gottes (8, 15/16): „O ihr, die ihr glaubt! Wenn ihr auf die, die ungläubig sind, beim Marschieren stoßet, so wendet nicht den Rücken, und wer dann ihnen den Rücken wendet, es sei denn, dass er zum Kampfe List anwende oder sich an eine Schar anschließen wolle, der fällt dem Zorne Gottes anheim und seine Stätte ist die Hölle, und übel ist der Weg!“Aber der Grad der erforderlichen Tapferkeit, für den hat das Erhabene Buch auch eine Anweisung, nämlich zum Festhalten an der Geduld vor einer Macht, die zehnfach so groß ist; Gott sagt (8, 66): „Wenn von euch zwanzig geduldige Männer vorhanden sind, so überwinden sie zweihundert, und wenn hundert vorhanden sind, so überwinden sie tausend von denen, die ungläubigen sind“; es weist uns ferner die Heilige Überlieferung darauf hin, dass wir, wenn wir zwölftausend Mann in voller Zahl und in voller Einigkeit betragen, es unsere Pflicht ist, dem Feinde entgegenzutreten, wie zahlreich er auch immer sei. Ferner hat Gott im Heiligen Buche verkündet, dass den islamischen Mut nicht erschüttern darf der Tod der Männer, noch auch die Verluste an Vermögen, und dass der Islam, wenn ihn Verluste und Niederlagen treffen, sich selbst der Mangelhaftigkeit, der Begehung von Sünden, der Ausschweifung und der Furcht vor dem Tode bezichtigt und sich reuig zu Gott bekehrt und durch das Vertrauen auf Gott nur noch energischer wird; der Erfolg jener Energie und der Befolgung der Ermahnungen Gottes, des Allwissenden und Weisen, ist der Sieg und der Vorgang in der irdischen Welt und der reiche Lohn in jener Welt; aber die Unterlassung der Energie und die Befolgung der Ratschläge der Feinde und das Sichvonihnenüberlistenlassen, das bringt die Niederlage und das Verlieren mit sich. Gott sagt (3, 140/12/2/3): „Wie viele Propheten kämpften wider Feinde, die Myriaden bei sich hatten! Sie zeigten aber keine Mattigkeit vor dem, was sie traf auf dem Pfade Gottes, noch auch waren sie schwach, noch auch beugten sie sich, und Gott liebt die Ausharrenden! Sie hatten keine andere Rede als die: O, unser Herr! Verzeih uns unsere Sünden, unser Sichgehenlassen in unserer Sach, gib unseren Füßen Festigkeit und hilft uns gegen das ungläubige Volk! Da brachte ihnen Gott den Lohn der irdischen Welt und den herrlichen Lohn des Jenseits; Gott liebt die Schönhandelnden! O ihr, die ihr glaubet! Wenn ihr denen gehorcht, die ungläubig sind, so schicken sie euch auf euren Spuren zurück, so dass ihr in Verlust zum Schutze kommt; nein! Gott ist euer Herr, und er ist der beste der Helfer“. Aber als Philosophie der Tapferkeit hat Gott selbst verkündet die Übung im Standhalten vor dem Feinde; er hat ferner verkündet, dass die Leiden des Kampfplatzes, seine Kümmernisse und seine Schmerzen in gleichem Masse verteilt sind zwischen uns und unserem Feinde; weshalb soll er standhalten und wir nicht? Weshalb soll er geduldig sein und wir nicht? Während wir doch die Blutzeugenschaft hoffen, die jener nicht hofft, und das ewige Leben, das er nicht einmal riecht; so sind wir denn würdiger des Sieges als er bis in alle Ewigkeit; Gott sagt (4, 105): „so werdet denn nicht schwach in der Verfolgung der Leute, wenn ihr Schmerzen empfindet, ihr aber erhofft von Gott, was sie nicht erhoffen, und Gott ist wissend und weise!“ (3, 134): „Wenn euch eine Wunde trifft, so trifft auch andere Leute gleiche Wunde, und jene Tage wenden wir bald diesen, bald jenen Menschen zu“. Der Rede kurzer Sinn ist, dass Gott uns befohlen hat die Bekämpfung unserer Feinde unter allen Umständen zum Zwecke der Erhöhung des Wortes Gottes und des Kampfes auf seinem Pfade, und sollten sie auch sich zusammenscharen; und er hat uns den Sieg verbürgt im Maße unserer Standhaftigkeit und hat gesagt (9, 36): „und bekämpfet die Ungläubigen insgesamt, wie sie euch bekämpfen insgesamt, und wisset, dass Gott mit den Gottesfürchtigen ist“ und (2, 187): „tötet sie, wo ihr sie aufspürt, und verjagt sie, von wannen sie euch verjagt haben, denn die Verführung ist schlimmer als Tötung“.

Die zweite Pflicht ist das Vertrauen auf Gott; Gott sagt (65, 3): „Und wer auf Gott vertraut, dem ist er Genüge“; Gottvertrauen heißt hier der Glaube daran, dass der Sieg von Gott kommt, gleich wie er gesagt hat (8, 10): „und nicht kommt der Sieg außer von Gott“, und der Glaube daran, dass er sein Versprechen, uns siegen zu lassen, durchaus erfüllen wird, wenn wir vor dem Feinde standhalten und seine Befehle befolgen und die Mittel vollkommen beachten, durch die die Überwindung des Feindes herbeigeführt wird, nach Maßgabe unserer Kraft; wie Gott gesagt hat (47, 8): „Wenn ihr Gott beisteht, so steht er euch bei und stellt euch fest auf die Füße“.

Die dritte Pflicht ist, dass der Kämpfer mit dem Kriege auf dem Pfade Gottes beabsichtigt die Abwehr der Wirren des Feindes, die Abwehr seiner Eroberung unseres Vaterlandes und des Vaterlandes unserer Verbündeten, die Befreiung der gesamten Islamwelt aus seiner Hand, die Erhöhung des Wortes der Wahrheit und die Niederwerfung des Wortes der Nichtigkeit, im Handeln nach dem Worte Gottes (8, 40): „Und bekämpfet sie, bis es keine Wirrnis mehr gibt und bis die Religion ganz und gar Gott angehört“; so soll denn der Glaubenskämpfer sich hüten, dass er beabsichtige die persönliche Rache und das nichtgesetzliche Stillen der Leidenschaft, so dass ihn das aus dem Kreise der Gerechtigkeit heraustreten lässt; denn solches gehört zum Dienste der Lust, des Gläubigen Wesen aber ist, dass er für Gott sich erhebt, nicht für die Lust; Gott sagt (5, 11): „O ihr, die ihr glaubet, seid Leute, die für Gott aufstehen als Zeugen in rechtem Masse, und nicht möge Hass gegen Leute euch dahin führen, dass ihr nicht Gerechtigkeit übt; übet Gerechtigkeit! das ist der Frömmigkeit am nächsten, und fürchtet, Gott weiß ja, was ihr tut“. Das heißt: eure Sach soll ganz und gar für Gott sein, nicht für die Lust und nicht soll die Heftigkeit des Hasses zwischen euch und ihnen euch verführen zur Ungerechtigkeit; vielmehr ist die Gerechtigkeit Pflicht für euch; denn sie hat einen gewaltigen Platz in der Frömmigkeit; so ist es denn gesetzlich unerlaubt, den Feind zu verstümmeln und Frauen und Kinder zu töten, es sei denn, dass sie am Kampfe teilnehmen mit Waffen wie die erwachsenen Männer; ferner ist nicht erlaubt das Töten des Siechen und des hinfälligen Greises, des Blinden, des Blöden, des Klausners, sofern er nicht durch Ratgeben am Kriege teilnimmt; ferner ist nicht erlaubt das Unterschlagen, das heißt das Fortnehmen irgend eines Beutestückes, bevor er zur Beutemasse gebracht ist, ausgenommen eine Speise zum Essen, ein Tier zum Reiten, ein Gewand zum Kleiden und ein Gerät zum Kämpfen unter der Bedingung des dringenden Bedürfnisses und der Absicht der Rückgabe nach genügendem Gebrauch; ferner ist Pflicht für den Kämpfer, alles, was übrig geblieben ist, zurückzugeben.

Die vierte Pflicht ist die Beharrlichkeit im Preisen Gottes bei der Begegnung mit dem Feinde durch Flehen und Zufluchtnehmen zu Gott und Erbitten des Sieges von ihm; denn er ist der, auf den man in der Not hofft, und der Erhörer des Zerbrochenen, wenn er ihn anruft mit den Worten: „Gott ist groß, Gott ist groß! O Gott, gib unserem Fuße Halt und gib uns den Sieg über sie, Du Bester der Helfer! O Gott, lass wanken den Fuß der Feinde und stürze Schrecken in ihr Herz!“ Und solches soll er mit Eifer treiben, bis Gott ihm den Sieg verleiht: Gott sagt (8, 47): „O ihr, die Ihr gläubig seid, wenn Ihr eine Schar treffet, so haltet stand und preiset Gott viele Male, vielleicht habt Ihr Erfolg". Der Befehl steht ganz und gar Gott zu, und keine Kraft und keine Macht gibt es, es sei denn durch Gott.

Geschrieben von dem seiner Schwächen und Mängel sich bewussten Diener des Islams und bedürftigsten Knechte Gottes Salih Aschascharif Attunisi.

Den 27. Zulhidschdsche des Jahres 1332 (3. November 1914).

Nachwort

In dem Geleitworte, das Professor Dr. Martin Hartmann diesem Schriftchen beigegeben hat, ist auf die verschiedenen Auffassungen in der gelehrten islamischen Welt über die Frage des sogenannten Heiligen Krieges hingewiesen worden.

Kommt es indessen für die Beurteilung der heutigen kriegerischen Unternehmungen der mohammedanischen Staaten, soweit sie unter dem Namen des Heiligen Krieges geführt werden, in der Tat darauf an, ob dieser Heilige Krieg auf bestimmte Feinde christlichen Glaubens beschränkt werden könne oder seinem Wesen nach alle christlichen Staaten in gleicher Weise betreffe?

Nein! Nicht darauf kommt es an, ob der Heilige Krieg der Mohammedaner in der angedeuteten Weise beschränkt werden kann, sondern ob er beschränkt ist, und ob diese Beschränkung von den gegenwärtig zur religiösen Leitung der mohammedanischen Welt berufenen Männern als bindend anerkannt ist; ferner, ob diese Beschränkung von den Teilnehmern am Heiligen Kriege tatsächlich beachtet wird. Ist dies der Fall, dann ist die Frage nach der Möglichkeit der Beschränkung des Heiligen Krieges schlechthin zu bejahen; die theoretische Frage, ob diese Lösung dem Sinne der alten geschriebenen Quellen des Islams entspricht, hat für den modernen Menschen eine untergeordnete Bedeutung. Feststeht dann, dass der Begriff des Heiligen Krieges – vorausgesetzt, dass er ursprünglich nicht beschränkt werden konnte und auch nicht beschränkt worden ist – für die Mohammedaner nunmehr einen anderen Inhalt hat: der Heilige Krieg ist der auf Grund göttlichen Gesetzes von dem Leiter der islamischen Gemeinde anbefohlene, alle mohammedanischen Volksgenossen umfassende Krieg, in dem es gilt, das den Muslimen Heilige, nämlich Freiheit und ureigene Kultur, gegen fremde nichtmohammedanische Feinde zu verteidigen.

Ein solcher Krieg ist in der Tat ein Heiliger Krieg, nicht nur für die Mohammedaner, sondern für jedes andere Volk, so oft es sich darum handelt, eben jene Schätze des nationalen Lebens im Kampfe um das Dasein durchzusetzen!

Wenn es für die derzeitigen leitenden Männer der Türkei feststeht, dass im Hinblick auf die politische Lage eben jetzt dieser Heilige Krieg geführt werden muss, und wenn den in der freien Entwicklung ihrer islamisch-nationalen Ideale behinderten übrigen Mohammedanern die Stunde für die Befreiung gekommen scheint, so ist der Hinweis seitens der Gegner auf das angeblich ursprüngliche Wesen des Heiligen Krieges und ihre Behauptung, dass dieser Heilige Krieg „made in Germany“ sei, vernunftwidrig; denn das Gesetz der Entwicklung umfasst alle menschlichen Ideen, früh oder spät; dass aber diese Stunde der Fortentwicklung der islamischen Idee vom Heiligen Krieg schon gekommen ist, das ist eben eine nicht wegzuleugnende Tatsache.

K. E. Schabinger

Autobiographie des Verfassers

Ich, Schaich Salih Aschscharif, Verfasser dieser Abhandlung, stamme aus der reinen Familie des Propheten und zwar aus der Linie des Kleinen Idris, Sohnes des Grossen Idris, d.h. des Idris Ibn Abdallah Alkamil Sohnes des Alhasen, Enkels Alis – Gott schenke seinem Antlitz Ehre! – und der Fatima Azzahra, der Tochter des Gottesgesandten Mohammed Ibn Abdallah, der Segen und der Friede Gottes sei auf ihm! Zu jenen heiligen Urahnen reiche ich hinauf von Vaterseite durch meinen Ahn, den berühmten Pol Saijid Almuzdad, der im Laufe von Bidschaja (Bougie) in Algerien begraben liegt, von Mutters Seite durch meinen Ahn, den berühmten Saijid Almuzdad Abdarahman Almaschdud, der begraben liegt in Usjut in Oberägypten. Der von meinem Ahnen, der vor einhundertfünfundsiebzig Jahren zuerst nach Tunis auswanderte, war mein Ahn Mansur; dessen Familie ist in Tunis bekannt unter den Namen „Familie des Scharif". Ich wurde im Jahre 1283 (1866/67) in der Stadt Tunis geboren und erhielt meine erste Erziehung bei meinem Vater, dem verstorbenen Professor Schaich Al arabi Aschscharif, Sohn des Forschers und Oberschaichs Schaich Al arabi Aschascharif. Den Koran lernte ich auswendig bei meinem Meister, dem frommen Rechtsgelehrten Saijid Abdarahman Almiqrati, der vor der französischen Okkupation in Tunesien eingewandert war. Nach vollkommener Einprägung des Buches Gottes trat ich in die berühmte Universität Zaitunija in der Zaituna-Moschee ein. Dort studierte ich die arabischen und die religiösen Wissenschaften, Elemente und höhere Stufen, bei den größten Professoren der genannten Moschee. Die arabischen Wissenschaften hörte ich bei der ersten Autorität jener Zeit, dem Forscher Schaich Salim Bu Sahib, die Grundlagen der Rechtswissenschaft, die Grundlagen der spekulativen Theologie, Logik, Überlieferung, Terminologie der Überlieferung, Exegese und Astronomie bei dem hochverehrten verstorbenen berühmten Professor und Rektor der erwähnten Moschee, Schaich Saijid Umar Ibn Aschschaich; ich las Malikitisches Recht bei dem hochverehrten Forscher und Malik seiner Zeit in dieser Rechtsschule, dem verstorbenen Schaich Saijid Husain Ibn Husain. Das sind die Schaiche, auf die ich mich beschränkte bei meiner mittleren und schließlichen Ausbildung; bei den Anfangsstudien hörte ich bei zahlreichen Schaichen von Bedeutung, wie dem verstorbenen Forscher und Literator Professor Schaich Saijid Aschschadili Ibn Alqadi, dem verstorbenen Forscher und Literator Professor Schaich Saijid Mohammed Annadschschar, dem Verstorbenen Forscher und Literator Professor Schaich Saijid Mustafa Ridwan. Ich war beständig in der erwähnten Moschee, Vorlesungen hörend und Vorlesungen haltend, und erlangte schließlich die Rangstufe „*mudarris*" Klasse I; ihre Ausbildung erhielten bei mir eine Anzahl tüchtiger Schüler, die jetzt hohe Stellen in Tunis einnehmen als Männer mit politischen oder religiösen Ämtern. Im Jahre 1324 (1906/7) verließ ich Tunis aus Abscheu gegen die nichtwürdige Politik Frankreichs gegen die Landesbewohner und um die öffentliche Meinung im Islam gegen die erwähnte Politik aufzuwecken, auf dass man sich vor ihr in Acht nehme; ferner um einen Ausweg zu finden, durch welchen mein Vaterland erlöst werde von dem, was es betroffen. Zunächst nahm ich meinen Wohnsitz in Damaskus, aber Frankreich bekämpfte mich politisch durch eine kleine Schar, die sich an der französischen Regierung verdingt hatte, und die man kennt; aber durch die Gnade Gottes, meine Achtsamkeit und mein weises Vorgehen wurde ich Herr über ihre Listen, und Gott wandte ihre Intrigen gegen sie selbst. Nach Wiederaufrichtung der osmanischen Konstitution nahm ich meinen Aufenthalt in der Stadt des Kalifats; sobald der Tripolis-Krieg ausgebrochen war, eilte ich zum Glaubenskriege nach Derna und weilte auf dem Kriegsschauplatz, zusammen mit dem Helden des Islams und Herzgeliebten der Muslime Seiner Exzellenz Enwer Pascha, dem gegenwärtigen Kriegsminister. Als dann Frieden geschlossen wurde, kehrte ich nach der Stadt des Kalifats zurück und blieb dort in der Begleitung des genannten Helden im Dienste der islamischen Gemeinde, bis ich zu der Mission berufen wurde, die mich nach Berlin führte. Als die Reise hierher feststand, verfasste ich diese Abhandlung und brachte sie mit mir hierher, um sie unter dem deutschen Volke zu verbreiten.

Register